R.C. 스프롤

하나님의 뜻을 알 수 있을까?

생명의말씀사

CAN I KNOW GOD'S WILL?
by R.C. Sproul

Copyright ⓒ 1984,1999,2009 by Reformation Trust Publishing
a division of Ligonier Ministries, under the title
Can I Know God's Will? (The Crucial questions series)
Translated by the permission of Ligonier Ministries
through arrangement of rMaeng2, Seoul, Republic of Korea.

All rights reserved.

This Korean Edition Copyright ? 2011 by Word of Life Press, Seoul, Republic of Korea

본 저작물의 한국어판 저작권은 알맹2 에이전시를 통하여
Ligonier Ministries와 독점 계약한 생명의말씀사에 있습니다. 신저작권법에
의하여 한국 내에서 보호 받는 저작물이므로 무단 전재와 무단 복제를 금합니다.

하나님의 뜻을 알 수 있을까?

ⓒ 생명의말씀사 2012

2012년 3월 10일 1판 1쇄 발행

펴 낸 이	김창영
펴 낸 곳	생명의말씀사
등 록	1962. 1. 10. No.300-1962-1
주 소	110-101 서울 종로구 송월동 32-43
전 화	02-738-6555 본사, 023159-7979 영업부
팩 스	02-739-3824 본사, 080-022-8585 영업부
기획편집	박혜주, 이은숙
디 자 인	박소정
인 쇄	영진문원
제 본	정문바인텍

ISBN 978-89-04-15977-2 (04230)
ISBN 978-89-04-00158-3 (세트)

저작권자의 허락없이 이 책의 일부 또는 전체를
무단 복제, 전재, 발췌하면 저작권법에 의해 처벌을 받습니다.

Can I Know God's Will?

하나님의 뜻을 알 수 있을까?

Contents

Can I
Know
God's Will?

하나님의 뜻을 알 수 있을까?

1장. 하나님의 뜻은 무엇인가? | 7

2장. 사람의 뜻은 무엇인가? | 47

3장. 나의 직업에 대한 하나님의 뜻 | 79

4장. 나의 결혼에 대한 하나님의 뜻 | 107

Can I Know God's Will?

Chapter 1 하나님의 뜻은 무엇인가?

이상한 나라에서 길을 잃고 헤매던 앨리스는 갈림길을 만났다. 어느 길로 가야 할지 몰라 막막해 고개를 들고 하늘을 보며 도움을 구했지만 하나님은 보이지 않고, 체셔 고양이가 나뭇가지에 걸터앉아 앨리스를 뚫어지게 쳐다볼 뿐이었다.

"어느 길로 가야 하니?" 앨리스가 물었다.
고양이는 쩔쩔매는 소녀를 향해 비웃듯 미소를 지으며 말했다. "그건 어디에 달렸냐 하면……."
"어디에 달렸는데?" 앨리스가 고양이에게 재우쳐 물었다.

"그야 네 목적지가 어디냐에 달렸지. 어디로 가고 싶니?" 고양이가 물었다.

"그건, 나도 몰라." 앨리스가 더듬거리며 대답했다.

"그래?" 고양이가 씨익 웃으며 말했다.

"그렇다면 어느 길로 가든 상관없잖아!"

그리스도인에게는 목적지가 중요하다. 우리는 순례자이다. 순례자는 광야를 헤매는 사람과는 다르다. 우리는 더 나은 나라, 하나님이 세우고 꾸미시는 영원한 도성을 바라본다. 어느 날 하나님이 우리를 그분의 나라로 맞아들이실 것이다. 그러므로 최종 목적지는 분명하다. 하나님은 당신의 백성에게 영광된 미래를 약속하셨다.

그런데 정작 우리는 어떤가? 당장 내일 일부터 걱정한다. 우리 가운데 누구도 자신의 미래를 아는 이는 없다. 그래서 우리는 어린아이들처럼 묻는다. "내일이면 행복해질 수 있을까? 지금보다 좀 잘 살고 있을까? 과연 어떤 일이 나를 기다리고 있을까?"

사람 사는 곳이면 어김없이 사람들의 염려를 이용해 자기

주머니를 챙기는 점술가들이 끊이지 않았다. 매춘이 세상에서 가장 오래된 직업이라면, 점술은 그 다음일 것이다. 주식 투자자, 경쟁하는 비즈니스맨, 경기 결과 예측가, 사랑에 빠진 젊은 연인 등 모두가 내남없이 외친다. "내게 내일을 말해줘!"

학생은 "내가 졸업하고 좋은 회사에 취직할 수 있을까?"라고 묻는다. 부장은 "내가 승진이 될까?"라고 묻는다. 진료 순서를 기다리는 환자는 손을 꼭 쥔 채 "암일까 아니면 소화불량일까?"라고 묻는다. 사람들은 도마뱀 내장, 뱀허물, 부엉이 뼈, 점괘판, 별자리, 경기 결과 예측가들의 예상 평을 뚫어져라 살핀다. 이 모두가 미지의 미래를 손톱만큼이라도 확신하고 싶어서다.

그리스도인도 똑같은 호기심을 느끼지만, 묻는 질문이 다르다. 그리스도인은 이렇게 묻는다. "내 삶을 향한 하나님의 뜻이 무엇일까?"

하나님의 뜻 찾기는 경건한 행위일 수도 있고 불경건한 행위일 수도 있으며, 겸손한 복종일 수도 있고 터무니없는 오만일 수도 있다. 하나님의 어느 뜻을 찾느냐에 따라 다르다.

하나님께서 드러내길 기뻐하지 않으시는 부분을 억지로 들여다보려 한다면, 건드리면 안 되는 거룩한 부분을 애꿎게 건드리는 꼴이다. 칼빈은 하나님께서 '그분의 거룩한 입을 닫으실 때는' 우리도 질문을 그쳐야 한다고 했다.[1]

다른 한편으로 하나님께서는 자신의 백성이 "주님, 내가 무엇을 하길 원하십니까?"라고 물을 때 이들의 기도를 기뻐 들으신다. 그리스도인은 하나님께 언제 나아가야 하는지 명령해주실 것을 구하고, 하나님께서 어느 길을 기뻐하시는지 알려고 애쓰며 하나님을 좇는다. 이렇게 하나님의 뜻을 구하는 건 거룩한 탐구요, 경건한 사람이 힘써 밟아야 하는 길이다.

성경이 말하는 하나님의 뜻

질문은 어려워도 대답은 단순하길 원하는 게 사람의 마음이다. 우리는 짧고 명쾌한 대답을 좋아한다. 얽히고설킨

---

1) *Commentaries on the Epistle of Paul the Apostle to the Romans*, trans. and ed. John Owen [reprint, Grand Rapids, Mich.: Baker Book House. 2003], 354.

미로를 헤치고 나가 마침내 질문의 핵심에 이르길 원한다. 이따금 대답 자체는 아주 '단순해도' 대답을 찾는 과정이 힘들고 복잡할 때가 있다. 그런가 하면 답이 '지나치게 단순해' 복잡한 질문의 압박감과 부담감에서 잠시 벗어날 때도 있다.

그러나 '단순한simple' 대답과 '지나치게 단순화한simplistic' 대답은 사뭇 다르다. 단순한 대답은 옳다. 단순한 대답은 복잡한 문제에 담긴 모든 자료를 다 설명한다. 단순한 대답은 분명하며, 전체의 의미를 쉽게 파악할 수 있다. 단순한 대답은 변하지 않으며, 아무리 많은 질문 세례 속에서도 지치지 않을 수 있다.

반면에 지나치게 단순화한 대답은 가짜다. 겉보기에는 진짜 같지만, 한 꺼풀 벗겨보면 가짜 티가 난다. 지나치게 단순화한 대답은 자료의 일부는 설명하지만, 전체를 설명하지는 못한다. 그러기에 그 부분은 여전히 불분명한 상태로 남는다. 무엇보다도 지나치게 단순화한 대답은 변한다. 문제의 핵심을 파헤치려고 질문 공세를 퍼부으면 끝내 견디지 못하고 무너진다. 장기적으로 만족을 주지 못하는 것이다.

신학에서 가장 당혹스런 질문 가운데 하나는 이것이다. "왜 아담이 타락했는가?"

이에 대해 지나치게 단순화해서 대답한다면 '아담이 자신의 자유의지로 타락했다'고 할 수 있다. 얼른 듣기에는 타당해 보인다. 하지만 이렇게 묻는다고 생각해보라. "완전한 창조자께서 지으신 의로운 피조물이 어떻게 죄를 지을 수 있었을까? 어떻게 아담이 사전에 악에 대한 의향이나 성향이 없었는데 악한 선택을 할 수 있었을까? 아담은 단지 사탄에게 속거나 강요당했을 뿐인가? 만약 그렇다면 왜 아담이 비난을 받아야 하는 거지?"

아담이 단지 속았을 뿐이라면, 모든 잘못은 사탄에게 있다. 아담이 강요당했을 뿐이라면, 그는 자유로운 선택을 한 게 아니다. 아담이 사전에 죄에 대한 욕구나 성향이 있었기 때문에 죄를 지었다면, 우리는 이렇게 묻지 않을 수 없다. "아담의 악한 욕구는 어디서 왔지? 하나님께서 아담에게 악한 욕구를 주입하셨나?"

만약 그렇다면 하나님의 정결성에 먹구름이 드리운다. 아담이 자신의 자유의지로 타락했다는 지나치게 단순화한 대답의 허점을 가장 단순하게 드러내려면 질문을 다르게 던지면 된다.

"왜 아담은 자신의 자유의지를 행사하여 죄를 지었는가?"

"아담이 그렇게 하기로 선택했기 때문이다"라는 대답으로는 안 된다. 이 대답은 질문을 돌려 말한 것일 뿐이다.

나는 아담이 왜 타락했는가라는 어려운 질문에 그저 단순하게 대답하고 싶다. 그러나 그러지 못한다. 내가 이 질문에 대답할 말은 하나뿐이다. "나는 답을 모른다."

어떤 독자들은 이 시점에서 언성을 높이며 나를 다짜고짜 몰아세울 수도 있다. "답을 모른다고요? 나는 답을 압니다! 아담이 타락한 것은 그것이 하나님의 뜻이었기 때문이죠!"

그러면 나는 곧바로 묻는다. "어떤 의미에서 아담의 타락이 하나님의 뜻이었나요? 하나님이 아담에게 타락하라고 '강요'하셨고, 피할 힘이 없는 일을 한 그를 벌하셨나요?"

이처럼 불경한 질문을 하는 까닭은 이 질문에 답하기 위해서다. 아담의 타락은 어떤 의미에서 틀림없이 '하나님의 뜻'이었다. 그러나 핵심 질문은 여전히 남는다. "어떤 의미에서 하나님의 뜻이었는가?"

이제 우리는 하나님의 뜻이라는 문제와 연관된 곤혹스런 질문과 정면으로 맞닥뜨렸다. 우리는 하나님의 뜻이 아담의 삶에서 어떻게 이루어졌는지 알고 싶다. 또한 어떻게 하나님의 뜻이 우리 자신의 삶에서 이루어지는지 알고 싶다.

질문이 어렵고 복잡할 때는 질문과 관련된 자료를 최대한 많이 모으는 게 좋다. 탐정은 살펴볼 단서가 많을수록 사건을 대체로 더 쉽게 해결한다. 중요한 결정을 내려야 하는 경영자는 충분한 자료와 기록이 얼마나 중요한지 잘 안다. 그는 이런 생각을 하지 않을까 싶다. "자료만 충분하다면 결정은 식은 죽 먹기다."

여기서 '대체로'라는 말을 덧붙였음을 기억해야 한다. 때로는 자료가 지나치게 복잡해 우리로서는 도저히 감당할 능력이 없어 지레 나가떨어지기도 한다. 때로 탐정은 단서가 너무 많아 애를 먹기도 한다. 지나치게 많은 단서 때문에 사건 해결이 더 어려워지기도 한다.

내가 자료와 복잡성과 단순성을 강조하는 까닭은 성경이 말하는 하나님의 뜻이 매우 복잡한 문제이기 때문이다. 이 문제를 지나치게 단순화해서 접근하다가는 재앙을 부른다.

성경이 말하는 하나님의 뜻은 아주 복잡해서, 이 복잡한 개념과 씨름하다 보면 이따금 머리가 지끈지끈 아프다. 그러나 우리의 탐구는 거룩한 탐구이며, 우리의 추구는 약간의 두통을 감내할 만한 가치가 있다. 다만 지나치게 단순화한 길을 선택하지 않도록 조심해야 한다. 그러지 않으면 거룩한 추구가 거룩하지 못한 오만으로 변질될 수 있기 때문이다.

앞서 성경이 '하나님의 뜻'을 여러 방식으로 말한다고 했다. 이것이 우리의 탐구를 복잡하게 하고, 지나치게 단순화한 해결책을 찾지 말라는 경고 역할을 하는 핵심 문제이다.

신약성경에서 뜻(의지)으로 번역하는 헬라어 단어는 둘이다. 두 단어의 의미를 정확히 규명하고 뜻이라는 단어가 나올 때마다 헬라어 본문을 확인하기만 하면 문제가 해결될 듯싶지만, 안타깝게도 그렇진 않다. 두 헬라어 단어는 각각 다양한 의미를 내포하며, 따라서 갈수록 태산이다. 단순히 헬라어 본문을 확인해 단어의 쓰임을 알아내는 방법으로는 난제를 풀지 못한다.

그러나 헬라어 단어의 의미부터 파악하면 도움이 된다. 두 단어를 간략히 살펴보면서 두 단어가 우리의 탐구에 조금이라도 도움이 되는지 확인해보자. 두 단어는 '불레boule'와 '텔레마thelema'이다.

불레는 '합리적이며 의식적인 욕구'를 뜻하는 고대 동사에 뿌리를 둔다. '충동적이며 무의식적인 욕구'를 뜻하는 텔레마와는 반대된다. 고대에는 합리적 욕구와 충동적 욕구 사이에 미묘한 차이가 있었다. 그러나 헬라어가 발전하면서 이러한 차이는 점차 약해졌고 마침내 두 단어를 이따금 동의어로 사용하기에 이르렀다. 그러면서 저자들은 문체에 변화를 주려고 두 단어를 번갈아 썼다.

신약성경에서 불레는 대체로 '세심하게 숙고하며 세운 계획'을 가리킨다. '미리 결정해 변경이 불가능한 하나님의 섭리적 계획'을 가리키는 말로도 불레를 자주 사용한다. 사도행전에서 누가는 이 단어를 이렇게 즐겨 사용한다. "그가 하나님께서 정하신 뜻boule과 미리 아신 대로 내준 바 되었거늘 너희가 법 없는 자들의 손을 빌려 못 박아 죽였으나……" 행 2:23.

이 구절은 인간의 그 어떤 행위로도 폐하지 못하는 하나님의 확고한 작정을 염두에 둔다. 하나님의 계획은 난공불락이다. 하나님의 '뜻'은 절대불변이다.

텔레마라는 단어의 의미는 꽤 여러 개이다. 텔레마는 동의할 만한 그 무엇이나 바라는 그 무엇, 의도한 그 무엇, 선택한 그 무엇, 명령이 내려진 그 무엇을 가리킨다. 텔레마는 동의, 바람(욕구), 목적, 결심, 명령의 개념을 내포한다. 그리고 여러 의미 가운데 무엇을 뜻하는가는 어떤 문맥에 쓰였느냐에 따라 결정된다.

하나님의 작정적인 뜻

'하나님의 작정적인 뜻'이란 하나님께서 어떤 일들을 작정하실 때 사용하시는 의지를 가리켜 신학자들이 하는 말이다. 달리 말해 '하나님의 주권적이며 유효한 뜻'이라 부르기도 한다. 하나님께서 무슨 일을 주권적으로 작정하시면 그 누구도, 아무것도 그 일을 막지 못한다.

하나님께서 빛이 있으라고 명하셨을 때 어둠은 그 명령에 저항할 힘이 없었다. 그리고 빛이 비췄다. 하나님께서는 빛에게 있으라고 애원하지 않으셨다. 하나님께서는 자연계의 힘과 협상해 우주를 빚으신 게 아니다. 하나님은 시행착오를 통해 구속 계획을 성취하신 게 아니다. 십자가는 하나님께서 활용하신 우연한 우주의 사건이 아니다. 이런 일들은 절대적으로 작정되었다. 이런 일들의 결과가 바라던 결과를 낳은 까닭은 애초부터 그 일이 주권적으로 작정되었기 때문이다.

그런데 하나님의 뜻을 모두 주권적인 것이라 제한하면 심각한 위험에 빠진다. 무슬림들은 "알라의 뜻이다!"라고 외친다. 그런가 하면 우리는 이따금 "케 세라 세라" 하며 될 대로 되라고 외치는 결정론적 인생관에 빠진다. 마치 하나님께서 모든 일에서 인간의 선택권을 배제하셨다는 식의 저급한 형태의 기독교적 운명론을 받아들이는 것이다.

전통적인 신학자들은 인간이 행동하고 선택하며 반응할 때 인간의 의지(意)가 작용한다고 주장한다. 하나님은 수단을 통해, 또한 각자의 의지로 행동하는 피조물의 실제 선택을 통해 자신의 계획을 이루신다. 제1 원인도 있고 제2 원인도 있는 것이다. 그런데도 이것을 부정하면 인간의 자유와 존엄을 배제하는 결정론을 받아들이는 셈이다.

우리에게는 주권적인 하나님이 계시며, 그분의 뜻은 우리의 뜻보다 크다. 또한 하나님의 뜻이 나의 뜻을 제한한다. 하지만 나의 뜻은 하나님의 뜻을 제한하지 못한다. 하나님이 어떤 일을 주권적으로 작정하시면 그 일은 반드시 일어난다. 내가 그 일을 좋아하든 안 하든 상관없이 내가 그 일을 선택하든 안 하든 관계없이 그 일은 반드시 일어난다. 하나님은 주권적이다. 나는 종속적이다.

하나님의 교훈적인 뜻

성경이 하나님의 뜻을 말할 때 그 뜻이 늘 하나님의 작정적인 뜻은 아니다. 하나님의 작정적인 뜻은 우리가 어기지도 못하고 불순종하지도 못하는 뜻이다. 하나님의 작정적인 뜻은 반드시 이루어진다.

반대로 우리가 어길 수 있는 하나님의 뜻이 있다. 바로 '하나님의 교훈적인 뜻'으로, 우리는 이 뜻에 불순종하기도 한다. 실제로 우리는 너나없이 매일 하나님의 교훈적인 뜻을 어기고 이 뜻에 불순종한다.

하나님의 교훈적인 뜻은 그분의 율법에 나타난다. 하나님의 교훈적인 뜻은 그분이 자신의 백성에게 주시는 교훈과 규범과 계명으로 구성된다. 이것들은 우리가 해야 하는 옳은 일과 적절한 일이 무엇인지 표현하고 보여준다. 하나님의 교훈적인 뜻은 하나님께서 우리 삶에 정해두신 규범으로, 우리는 이 규범의 다스림을 받는다.

우리가 죄를 짓지 않는 것이 하나님의 뜻이다. 우리가 하나님 외에 다른 신을 두지 않는 것이 하나님의 뜻이다. 우리가 이웃을 자신처럼 사랑하는 것이 하나님의 뜻이다. 우리가 도적질하지 않고, 탐내지 않으며, 간음하지 않는 것이 하나님의 뜻이다. 그러나 세상은 우상숭배와 증오와 도둑질과 탐심과 간음으로 넘친다. 우리는 하나님의 율법을 어길 때마다 하나님의 뜻을 범한다.

우리 시대 기독교의 한 가지 큰 비극은 숱한 그리스도인들이 하나님의 감춰진 작정적인 뜻을 지나치게 강조한 나머지 하나님의 교훈적인 뜻을 배척하고 소홀히 여긴다는 것이다. 우리는 휘장을 들추고 자신의 미래를 엿보고 싶어 한다. 자신이 순종하는지는 살피지 않고, 자신의 점괘에 더 관심을 둔다. 자신이 무엇을 하느냐보다는 자신의 별자리가 어떻게 움직이느냐에 더 몰두한다.

그러면서 하나님의 주권적인 뜻에 대해서는 매우 수동적으로 반응한다. 이제는 기억하자. 우리는 하나님의 교훈적인 뜻에 대해 능동적인 위치에 있고, 그 뜻을 행할 책임이 있다.

그런데 오히려 우리는 스스로 경건을 실천하기보다는 하나님의 감춰진 경륜을 파헤치기 일쑤다. 하나님의 주권적인 뜻이라는 안전지대로 도피해 자신의 죄를 하나님께 떠넘기고, 자기 죄의 책임을 하나님의 불변하는 뜻 탓으로 돌리기도 한다.

적그리스도의 영이 바로 이런 행위를 일삼는다. 또한 하나님의 율법을 경멸하고 하나님의 교훈을 무시하는 무법자나 도덕률폐기론(신앙지상주의)자들이 이렇게 행동한다.

안타깝게도 그리스도인들은 이러한 왜곡에 너무나 쉽게 빠져든다. 우리는 이신칭의를 도피처로 삼고, 오직 믿음으로 의롭다 하신 것이 더욱 의를 좇고 하나님의 교훈적인 뜻에 순종하며 살도록 돕는 촉매제여야 한다는 사실을 너무 쉽게 잊는다.

성경이 말하는 의는 무엇인가?

"의인은 그의 믿음으로 말미암아 살리라"합 2:4. 하박국이 남긴 유명한 말로, 신약성경에 이 구절이 세 번 나온다. 또한 이 구절은 이신칭의 교리를 강조하는 복음주의 개신교의 표어가 되었다. 이 구절은 그리스도인의 삶의 본질이 어떠해야 하는지 암시하며, 성경이 말하는 의의 개념이 무엇인지 시사한다.

예수님은 아주 충격적인 말씀을 하셨다. "너희 의가 서기관과 바리새인보다 더 낫지 못하면 결코 천국에 들어가지 못하리라"마 5:20.

예수님의 말씀을 '우리의 의가 위선자들의 의보다 차원이 높아야 한다'는 뜻으로 받아들이기 쉽다. 신약 시대의 서기관들과 바리새인들을 보면 이들이 파렴치하고 무례한 종교 사기꾼처럼 보인다. 그러나 역사적으로 바리새인들은 매우 수준 높은 의로운 삶을 산 집단이었고, 우리는 이 사실을 반드시 염두에 두어야 한다. 그러나 예수님은 우리의 의가 이들의 의보다 뛰어나야 한다고 말씀하신다. 그렇다면 예수님의 말씀은 무슨 뜻인가?

성경이 말하는 의의 개념을 다루는 일은 사실상 신학의 모든 분야와 관련된 문제를 다루는 것과 같다. 먼저 모든 옳음과 그름을 가늠하는 기준이 되는 하나님의 의가 있다. 하나님의 성품은 의의 궁극적 기초이자 모범이다. 구약성경에서 의는 '하나님이 주신 계명에 대한 순종'으로 정의할 수 있다. 하나님 자신이 전적으로 의롭기 때문이다. 하나님이 주신 계명은 이웃을 대하는 방식과 관련된 가르침뿐 아니라 의식儀式 및 전례典禮와 관련된 가르침도 포함한다.

구약성경의 이스라엘과 신약성경의 바리새인들은 '의식적인 의'로 진정한 의를 대신했다. 율법에 담긴 더 넓은 의미를 성취하기보다 종교 공동체의 의식을 지키는 데 만족했던 것이다.

예를 들면 예수님은 바리새인들이 박하와 채소의 십일조는 빠짐없이 드리면서 율법의 더 중요한 부분인 정의와 긍

훌은 버렸다며 이들을 꾸짖으셨다. 예수님은 바리새인들이 십일조를 드린 것은 옳았지만, 의식을 지키는 것으로 율법의 요구를 다 만족시켰다고 생각한 것은 잘못이라고 지적하셨다. 이들은 의식적인 의로 참되고 온전한 순종을 대신했던 것이다.

복음주의 진영에서는 '의' 라는 단어를 아주 드물게 사용한다. 우리는 도덕을 말하고 영성을 말하며 경건을 말한다. 하지만 의는 좀처럼 말하지 않는다. 그렇더라도 우리가 구원받은 것은 경건이나 영성이 아니라 의를 위해서다.

신약적 의미에서 영성은 의라는 목적을 이루는 수단이다. 영적이라는 말은 하나님께서 우리를 자기 아들의 형상을 닮게 빚으려고 우리에게 주신 영적 은혜를 우리가 사용한다는 뜻이다. 기도 훈련, 성경공부, 교인들의 교제, 간증 등은 그 자체가 목적이 아니고 우리가 의롭게 살도록 돕는 것이다. 영성을 그리스도인의 삶의 목적으로 생각하면, 우리가 성장하는 데 방해가 된다.

영적인 관심은 하나님과 동행하는 삶의 첫 걸음일 뿐이다. 영성이 그리스도의 요구를 충족시킨다는 생각이 얼마나 교묘하고 위험한 덫인지 알아야 한다. 이 덫-바리새인들의 덫-에 걸린다는 말은 의식을 지키는 것으로 진정한 의를 대신한다는 뜻이다. 어떻게든 기도하고 성경을 연구하며 복음을 전해야 한다. 그렇더라도 삶의 어느 순간에라도 의를 좇는 걸음을 잠시라도 멈춰서는 안 된다.

우리는 의롭다 칭함을 받을 때, 그리스도의 의를 입음으로 하나님 보시기에 의롭게 된다. 그러나 우리는 의롭다 함을 받는 즉시 칭의에서 나오는 개인적인 의를 삶으로 드러내야 한다. 흥미롭게도 성경적인 의의 개념이 헬라어 단어 '디카이오스dikaios'에 고스란히 담겨 있다.

이 단어는 첫째로 하나님의 의를 가리킨다. 둘째로, 우리가 말하는 칭의를 가킨다. 셋째로, 삶으로 나타나는 의를 가킨다. 따라서 처음부터 끝까지, 하나님의 본성에서 인간의 운명에 이르기까지, 인간의 의무는 늘 똑같다. 의를 향한 부르심인 것이다.

참된 의를 자기 의(독선)와 혼동해서는 안 된다. 우리의 의는 우리의 칭의에서 비롯되며, 우리의 칭의는 오직 그리스도의 의에 기초한다. 그러므로 절대로 우리의 의로운 행위가 그 자체로 공로가 된다는 잘못된 생각을 털끝만치도 갖지 말아야 한다. 그러나 이신칭의 교리를 열성적으로 주장하는 개신교인들은 오직 믿음으로 의롭게 된다는 말이 결코 '믿음뿐인 믿음으로' 의롭게 된다는 뜻이 아니라는 것을 늘 유념해야 한다. 진정한 믿음은 바리새인들과 서기관들의 의를 넘어서는 의를 드러낸다. 진정한 의는 율법의 더 중한 것, 곧 정의와 긍휼과 연결되기 때문이다.

우리는 기도 골방에서 법정에 이르기까지, 예배당에서 시장에 이르기까지, 삶의 모든 구석에서 하나님의 의를 드러내야 한다. 먼저 하나님 나라와 그분의 의를 구해야 한다. 예수님은 여기에 최우선 순위를 두신다. 그러면 나머지 전부를 우리에게 더하시리라고 말씀하신다.

규제에 대한 알레르기 반응

"너나 잘 하세요!" 우리 시대의 정신을 대변하는 말이다. 자유란 무엇이든 자기 마음대로 해도 된다는 양도할 수 없는 권리와 점점 더 동일시된다. 이와 더불어 하나님의 법이든 인간의 법이든 간에 법이나 금지라면 덮어놓고 알레르기 반응을 보인다.

  법을 거부하고 도덕률을 폐기하자는 이러한 태도가 만연된 상황을 보노라면 사사기의 한 시대가 떠오른다. "사람마다 자기 소견에 옳은 대로 행하"삿 17:6여 결국 하나님의 심판을 받지 않았던가! 세상은 이러한 태도를 '정부는 도덕을 법제화해서는 안 된다'는 선언으로 표현한다. 도덕은 국가는 물론 교회의 영역마저 벗어난 순전히 개인적인 문제로 치부된다.

  단어의 의미가 아주 미묘하게 바뀌어 숱한 사람이 알아차리지 못했다. '도덕을 법제화할 수 없다'는 말은 본래 특정 행동을 금지하는 법률을 정한다고 해서 그 행위 자체가 근절되지는 않는다는 생각을 담은 말이었다. 이 말의 핵심은 법이 있다고 해서 그 법을 지키지는 않는다는 것이다. 사실 특정 행위를 법률로 금지하면 도리어 그 법을 더 심하게 어기는 경우도 있다. 주류 제조 및 판매 금지법이 한 예다.

  현대인들은 도덕의 법제화를 본래 의도와 다르게 해석한다. 정부는 도덕을 법제화 '할 수 없다'고 말하는 대신 정부는 도덕을 법제화해서는 '안 된다'고 말한다. 이 말은 정부가 낙태, 변태 성행위, 결혼과 이혼 등에 관한 규제처럼 도덕적인 문제에 관여해서는 안 된다는 뜻이다. 왜냐하면 도덕은 사적인 영역에 해당하는 양심의 문제이기 때문이다. 정부가 이러한 부분을 법제화하면, 흔히 국가가 사생활을 침해하고 개인의 기본적인 자유를 부정하는 것으로 비친다.

이러한 생각을 토대로 논리적 결론을 도출하면 정부가 할 일이 거의 없다. 정부가 도덕을 법제화해서는 안 된다면 정부의 활동은 국기 색상, 국가의 꽃과 새를 정하는 일 정도에 그치고 말 것이다. 그러나 엄밀히 말하면 꽃과 새와 관련된 물음도 '도덕적'이라는 그물에 걸린다. 이러한 물음은 생태학적 문제를 다루며, 생태학적 문제도 결국은 도덕적인 성격을 내포하기 때문이다. 실제로 법제화와 관련된 문제 대부분이 확연히 도덕적이다. 살인, 절도, 시민의 권리에 관한 규정은 도덕적이다. 고속도로에서 운전을 어떻게 하느냐도 다른 운전자들의 안녕과 직결되기 때문에 도덕적인 문제다.

대마초 금지와 관련된 문제는 흔히 특정 연령층의 다수가 이 법을 어긴다는 사실에 초점을 맞춘다. 논증은 이런 식으로 전개된다. 숱한 사람들이 이 법을 어긴다. 그러니 이 법은 잘못된 게 아니냐? 이런 결론은 전혀 잘못된 추론이다. 대마초 사범을 처벌 대상에서 제외할지 말지는 사람들이 이 법에 어느 정도나 불복하느냐를 기준으로 결정할 문제가 아니다.

핵심은 다수의 미국인들이 대마초에 도덕률 폐기론적 태도를 보인다는 점이다. 대마초 금지법에 대한 이러한 불복 행위가 더 높은 수준의 윤리를 갈망하는 마음에서 나올 리 없다. 이들은 자기 편의를 위해 자신의 육체적 욕구를 채우려고 법을 어길 뿐이다.

교회 내에서도 이와 같은 도덕률 폐기론이 얼마나 자주 고개를 드는지 모른다. 교황 베네딕트 16세는 교황이 회칙으로 인위적 산아제한을 분명히 금지했는데도 조사 결과가 보여주듯이 왜 다수의 미국 가톨릭 신자들이 이 회칙을 어기는지 세상에 설명하려 할 때 전임자들이 물려준 당혹스런 유산과 맞닥뜨린다. 어떻게 자신이 속한 교회의 지도자가 '무오하다' 믿는 사람들이 그 지도자에게 복종하길 완강히 거부할 수 있는지 묻지 않을 수 없다.

개신교회 내에서는 교회가 개인에게 도덕적 책임을 물으면 격분을 감추지 못한다. 그러면서 교회는 자신의 사생활에 개입할 권리가 없다고 외친다. 교회의 일원이 될 때 교회의 도덕적 감독에 복종하겠다고 공개적으로 선언해 놓고도 말이다.

복음주의 기독교 공동체 안에서는 도덕률 폐기론이 더더욱 등장해서는 안 된다. 그런데 슬프게도 사실은 이론과 다르다. 전형적인 복음주의자는 하나님의 율법에 얼마나 심드렁한지 로마 가톨릭이 마르틴 루터를 향해 외쳤던 불길한 예언이 실현되기 시작하고 있다. 어떤 극단적인 복음주의자들은 실제로 이신칭의 교리를 죄를 지어도 좋다는 허가증으로 여긴다. 이들은 가짜 복음주의자라고 불려 마땅하다.

이신칭의를 조금이라도 이해하는 사람이라면 누구라도 진정한 믿음은 언제나 순종하려는 열정으로 나타난다는 사실을 알 것이다. 진실한 그리스도인이라면 하나님의 율법에 절대로 무덤덤한 태도를 취하지 못한다. 하나님의 율법에 순종한다고 의롭다 함을 받지는 못한다. 그렇더라도 의롭다 함을 받은 사람이라면 하나님의 율법에 순종하려고 노력하게 마련이다.

사람의 계명과 하나님의 율법이 충돌할 때가 분명히 있다. 이런 경우 그리스도인은 사람에게 불순종해도 괜찮은 게 아니라 '반드시' 불순종해야 한다. 그리스도인들은 이러한 도덕률 폐기론과 관련된 부분에서 시대 정신에 휩쓸리지 않도록 특히 주의해야 한다.

우리에게는 자신이 보기에 옳은 일을 할 자유가 없다. 우리는 하나님께서 보시기에 옳은 일을 해야 한다. 자유를 자율과 혼동해서는 안 된다. 악이 세상에 존재하는 한 법을 통한 도덕적 규제는 꼭 필요하다. 이것은 하나님께서 정부를 세우시는 은혜의 행위다. 정부는 악을 행하는 자를 제제하기 위해 존재한다. 정부는 무죄한 자와 의로운 자를 보호하기 위해 존재한다. 의로운 자는 하나님께 순종하는 데 방해가 되지 않는다면 정부를 최대한 도와야 한다.

하나님의 속성적인 뜻

하나님의 작정적인 뜻과 교훈적인 뜻은 그분의 전체적인

뜻을 구성하는 한 부분이다. 그런데 이것을 이해하더라도 하나님의 주권에는 신비로운 면이 더 있다. 이러한 신비로운 면 가운데 하나는 하나님의 '속성적인 뜻'이다. 이것은 하나님의 교훈적인 뜻에 불순종하는 인간과 밀접한 연관이 있다.

하나님의 속성적인 뜻이란 하나님을 기쁘게 하고 하나님이 받아들이실 만한 것이 무엇인지를 가리킨다. 하나님의 속성적인 뜻은 자신의 피조물을 대하는 하나님의 태도를 표현한다. 어떤 일들은 그분이 보시기에 매우 기쁘고, 어떤 일들은 그분을 슬프게 한다. 하나님은 악한 일들이 일어나도록 허용(그러나 도덕적 허락moral permission은 아니다)은 하시지만 절대로 악한 일들을 기뻐하지는 않으신다.

하나님의 뜻을 구성하는 이러한 각기 다른 부분들이 성경 해석에서 어떻게 작용하는지 설명해보겠다. 먼저 하나님께서는 "그 누구도 멸망하길 원하지 않으신다"벧후 3:9, KJV는 구절을 살펴보자. 이 구절은 지금껏 살펴본 하나님의 뜻 가운데 어디에 해당하는가? 각각의 뜻이 내포하는 의미를 적용하면 이 구절의 의미가 어떻게 달라지는가?

첫째, 하나님의 작정적인 뜻을 적용해보자. 그러면 이 구절은 '하나님께서는 주권적이며 작정적인 의미에서 그 누구도 멸망하길 원하지 않으신다'는 뜻이 된다. 즉 그 누구도 멸망하지 않는다는 의미인 것이다. 만약 이 말대로라면 지옥이 완전히 텅 비어 있다는 견해가 되고, 만인구원론을 뒷받침하는 증거 본문이 된다.

둘째, 하나님의 교훈적인 뜻을 적용해보면 '하나님께서는 교훈적인 방식a preceptive way으로 그 누구도 멸망하길 원하지 않으신다'는 뜻이 된다. 이것은 하나님의 승인 아래 사람들의 멸망을 허락하지 않으신다는 뜻이다. 그러나 이것은 이 구절의 문맥과 전혀 맞지 않는다.

셋째 선택이 의미가 통한다. 하나님께서는 내적으로 그러실 마음이 없거나 기뻐하지 않으신다는 의미에서 사람들이 멸망하길 원하지 않으신다. 다른 곳에서 성경은 하나님께서 악인의 죽음을 기뻐하지 않으신다고 가르친다.

하나님께서는 자신이 기뻐하지 않는 일을 작정하기도 하신다. 다시 말해 하나님께서는 악을 행하는 자들에게 정의를 행하신다. 하나님께서는 정의가 유지되고 의가 존중받을 때 기뻐하신다. 그렇더라도 악인들이 벌 받는 것을 기뻐하지는 않으신다.

인간의 법정에서도 이와 비슷한 경우를 찾아볼 수 있다. 판사는 정의를 위해 피고에게 징역형을 선고하지만, 그와 동시에 피고에 대해 마음 아파하기도 한다. 그때 판사는 속성적으로는 죄를 미워하되 사람은 사랑하는 게 아닐까 싶다.

그러나 하나님은 제한된 형법제도 아래에서 일하는 인간 판사가 아니다. 하나님은 주권적이시다. 하나님께서는 자신에게 기쁜 일을 하실 수 있다. 하나님께서 그 누구도 멸망하길 원하시지 않거나 원하지 않으신다면 왜 그에 걸맞게 작정적인 뜻을 행하지 않으시는가? 어떻게 하나님의 작정적인 뜻과 속성적인 뜻이 일치하지 않을 수 있는가?

이래도 그만이고 저래도 그만이라면, 하나님께서는 아무도 멸망하지 않길 원하실 것이다. 그러나 이래도 그만이고 저래도 그만이 아니다. 죄는 실재다. 죄는 하나님의 거룩과 의를 더럽힌다. 하나님께서도 죄를 벌하지 않고 넘어가길 원치 않으신다. 하나님께서는 자신의 거룩함도 입증되길 원하신다.

하나님 안에서 여러 관심이 충돌하고 여러 바람이 상충된다고 말하는 것은 위험하다. 그러나 어떤 의미에서는 사실 그렇다고 인정할 수밖에 없다. 하나님께서는 자신의 피조물이 순종하길 원하신다. 하나님께서는 자신의 피조물이 행복하길 원하신다. 그런데 이때 순종과 행복은 궁극적으로 대칭을 이룬다.

순종하는 자녀는 절대 멸망하지 않는다. 하나님의 교훈적인 뜻에 순종하는 자들은 하나님의 속성적인 뜻이 주는 유익을 누린다. 하나님의 교훈적인 뜻을 어길 때, 절대로 이래도 그만이고 저래도 그만이 아니다. 하나님은 벌을 내리길 기뻐하지 않으시지만 그래도 벌을 내리셔야 한다.

하지만 이것은 궁극적인 질문을 회피하는 게 아닌가? 하나님의 작정적인 뜻은 어디에 적용되는가? 하나님은 애초에 아무도 죄를 지을 능력이 없도록 작정하셔서 그분의 작정적인 뜻, 교훈적인 뜻, 속성적인 뜻 모두가 영원히 조화를 이루게 하실 수 있지 않았을까?

이 질문에 대한 답변은 피상적일 때가 많다. 마치 마법 같은 인간의 자유의지가 딜레마를 해결할 수 있을 것처럼 너나없이 인간의 자유의지에 호소한다. 하나님께서 죄 없는 우주를 창조하실 수 있었을 방법은 오직 하나뿐이었고, 인간을 자유의지가 없는 존재로 창조하셨으면 됐을 거라고 말한다. 그랬다면 인간은 꼭두각시에 지나지 않았을 테고 인성을 갖지 못하고 죄 지을 능력도 없었을 거라고 주장한다.

정말 이와 같다면 우리는 천국에서 어떤 상태로 존재하겠는가? 성경은 우리의 구속이 완성되면 더는 죄가 없을 거라고 약속한다. 우리는 여전히 선택 능력이 있을 테지만, 우리의 성향은 완전히 의로워져 악을 전혀 선택하지 않게 된다. 이것이 구속 후에 천국에서 가능하다면 타락 이전에도 당연히 가능하지 않았겠는가?

성경은 이런 골치 아픈 문제에 속 시원히 답하지 않는다. 성경은 하나님께서 사람을 죄 지을 가능성이 있는 존재로 창조하셨다고 말한다. 우리는 성경을 통해 하나님의 성품은 회전하는 그림자도 없으며, 그분이 하시는 일은 전부 의롭다는 것도 안다. 하나님께서 인간을 창조하신 방법은 그야말로 신비다.

그러나 부족하나마 우리의 지식을 토대로 판단하건대 하

나님의 계획이 선했다고 생각하지 않을 수 없다. 하나님께서 우리에게 주신 계명들, 우리가 그분께 순종해야 한다는 하나님의 바람, 우리가 그분 뜻에 순종하지 못한다는 사실, 이들 사이에서 일어나는 그 어떤 갈등도 하나님의 주권을 무너뜨리지 못한다.

하나님의 비밀한 뜻과 계시된 뜻

하나님의 뜻은 셋으로 구분할 수 있다. 하나님의 작정적인 뜻이 있고, 하나님의 교훈적인 뜻이 있으며, 하나님의 속성적인 뜻이 있다. 이 밖에도 다음과 같은 구분도 필요하다. 하나님의 비밀하게 감춰진 뜻과 하나님의 계시된 뜻이다.

하나님의 비밀한 뜻은 작정적인 뜻에 포함된다. 대부분의 경우 하나님의 비밀한 뜻은 우리에게 열려 있지 않기 때문이다. 하나님께서는 자신을 어느 정도까지만 계시하셨다. 우리는 하나님의 작정적인 뜻 중에서 그분이 성경을 통해 우리에게 알리길 기뻐하신 뜻은 안다. 그러나 우리는 유한한 피조물이기에 하나님의 지식이나 하나님의 계획을 모두 이해하지는 못한다. 성경이 가르치듯이 비밀한 일들은 하나님께 속하며, 하나님께서 계시하신 일들은 영원히 우리와 우리 자손에게 속한다신 29:29 참조.

개신교 신학자들은 '감춰진 하나님'과 '계시된 하나님'을 구분했다. 하나님에 관한 모든 것이 우리에게 계시되지는 않았다. 어떤 의미에서 보자면 하나님은 우리에게 감춰져 있는 것이다. 그러나 이러한 구분은 상당히 위험한데, 어떤 이들은 이러한 구분에서 두 종류의 신이 충돌한다고 보기 때문이다. 한편으로 자신의 성품을 드러내면서도 다른 한편으로 그렇게 드러낸 성품과 은밀하게 충돌하는 신이라면 더 없는 위선자이지 않겠는가!

하나님은 비밀한 뜻이 없고 단지 자신이 명한 일만 행할 뿐 더는 아무 일도 하지 않는 분이라고 생각하는가? 그것은 하나님을 인간의 괴롭힘에 자신의 바람과 계획을 자꾸만 축소해가는 분으로 몰아가는 것과 같다. 이러한 신은 무능할 테고, 무능하다면 그를 신이라 할 수 없다.

하나님의 비밀한 면과 계시된 면을 구분한다면, 두 면이 서로 상충한다고 보지 말고 전체를 구성하는 부분으로 보아야 한다. 다시 말해 하나님이 자신에 관해 주신 계시는 믿어도 좋다. 우리의 지식은 부분적이지만 어느 정도는 참되다. 하나님의 비밀한 경륜에 속한 일은 우리에게 계시된 하나님의 성품과 모순되지 않는다.

하나님의 계시된 뜻과 하나님의 감춰진 뜻을 구분할 때, 실제적인 문제가 뒤따른다. 그리스도인이 하나님의 작정적인(감춰진) 뜻과 조화를 이루며 행동하는 동시에 하나님의 교훈적인 뜻에 어긋나게 행동하는 게 가능한가 아니면 불가능한가?

어떤 의미에서 이러한 가능성을 인정해야 한다. 예를 들면, 예수 그리스도의 십자가 죽음은 하나님의 작정적인 뜻이었고 그분의 확고한 경륜을 통해 이루어졌다. 물론 하나님의 목적은 자기 백성을 확실하게 구속하는 것이었다. 그러나 이 목적이 예수님을 재판하는 자들에게는 숨겨져 있었다. 본디오 빌라도는 예수님을 십자가에 못 박도록 내주었을 때, 하나님의 교훈적인 뜻을 거슬렀으나 하나님의 작정적인 뜻에 맞게 행동했다.

그렇다면 하나님의 교훈적인 뜻은 난센스가 되는가? 하나님이 그렇게 되도록 두지 않으신다. 하나님의 교훈적인 뜻은 인간의 악행에도 불구하고 그 악행을 통해 하나님의 초월적인 능력을 증언한다.

요셉의 이야기를 생각해보라. 형들은 질투심과 탐욕에 못 이겨 무죄한 동생을 애굽에 노예로 팔았다. 오랜 세월이 흘러 이들이 다시 만나고 형들이 죄를 고백했을 때, 요셉은 "당신들은 나를 해하려 하였으나 하나님은 그것을 선으로 바꾸사"라고 답했다창 50:20 참조.

여기서 하나님의 섭리에 담긴 헤아리지 못할 위엄이 드러난다. 하나님께서는 인간의 악을 활용해 요셉과 유대민족을 향한 자신의 목적을 이루셨다. 요셉의 형들은 자의적이고 악한 죄를 지었다. 하나님의 교훈적인 뜻을 어김으로써 동생과 하나님에게 죄를 지었다. 그러나 이들의 죄를 통해 하나님은 자신의 비밀한 경륜을 이루셨고 구속을 행하셨다.

만약 요셉의 형들이 순종했다면 어떻게 되었겠는가? 요셉은 노예로 팔리지 않았을 테고, 애굽으로 끌려가지도 않았을 것이며, 감옥에 갇히지도 않았고, 그곳에서 꿈을 해석하는 일도 없었을 것이다. 만약 요셉이 총리에 오르지 않았다면 어떻게 되었겠는가? 형제들이 애굽에 정착하는 역사적인 일이 일어났겠는가? 그러면 유대인들이 애굽에 정착하지 않았을 테고, 모세도 없을 것이며, 출애굽도 없고, 율법도 없고, 선지자들도 없고, 그리스도도 없으며, 구원도 없었을 것이다.

그렇다면 요셉의 형들이 범한 죄는 사실 변장한 선이었다고 결론 내려도 되지 않는가? 절대 그렇지 않다. 형들은 죄를 지었고, 분명히 하나님의 교훈적인 뜻을 어겼다. 그러므로 그들은 자기 행위에 책임을 져야 했고 유죄 판결을 받았다. 그러나 하나님께서는 악에서 선을 이끌어내셨다. 이것은 하나님의 성품에 모순이 있다는 뜻이 아니며, 하나님의 교훈과 작정이 모순된다는 뜻도 아니다. 오히려 하나님의 주권에 담긴 초월적인 능력을 보여줄 따름이다.

이 시대를 살면서 우리가 하나님의 교훈적인 뜻에 순종하면서도 하나님의 비밀한 뜻을 거스르는 게 가능한가? 물론 가능하다. 예를 들면 하나님께서 한 나라를 사용해 자신에게 범죄하는 미국을 벌하시는 것이 그분의 뜻일 수 있다. 미국 국민을 심판하시려 러시아가 전쟁을 일으키는 것이 하나님의 계획일 수도 있다. 헤아릴 수 없는 하나님의 뜻에서 보면 하나님께서는 심판이라는 목적을 위해 '러시아인들의 편에' 서실 수도 있다. 그런 때라면 미국 정부는 이에 맞서 싸워야 한다.

이스라엘 역사에서도 비슷한 경우를 찾아볼 수 있다. 하나님은 바벨론을 이용해 자신의 백성 이스라엘을 치셨다. 이 상황에서 이스라엘의 통치자가 바벨론의 침입에 맞서 싸우는 것은 너무나도 당연했을 것이다. 이렇게 맞서 싸웠다면 이스라엘은 사실상 하나님의 작정적인 뜻을 거스른 셈이다.

하박국서는 하나님께서 인간의 악한 성향을 이용해 그분의 백성을 심판하시는 문제를 두고 심각하게 고민한다. 이것은 하나님께서 바벨론을 사랑하셨다는 뜻이 아니다. 하나님께서는 바벨론도 심판하겠다고 분명하게 말씀하셨다. 그러나 하나님은 먼저 바벨론의 악한 성향을 이용해 자신의 백성을 징계하여 바로잡으려 하셨다.

우리의 삶을 향한 하나님의 뜻을 알려면

하나님의 뜻을 아는 지식을 추구하는 것은 지성을 자극하거나 혹은 교만할 뿐 덕을 세우지 못하는 지식을 전달하려는 추상적 학문이 아니다. 하나님의 뜻을 깨닫는 것은 자신의 창조주를 기쁘게 하며 살기 원하는 모든 그리스도인에게 더없이 중요하다.

하나님께서 우리 삶에서 무엇을 원하시는지 어떻게 알 수 있을까? 내게 나아가라 하시는 명령은 무엇일까? 하나님 나라를 세우는 일에서 내가 감당해야 하는 역할은 무엇일까? 하나님께서는 내가 무엇을 하며 살길 원하실까? 그리스도인이라면 이러한 진지한 물음을 맞닥뜨리지 않은 이가 한 사람도 없을 것이다.

나는 신학 연구를 천직으로 여기면서 50여 년을 그리스도인으로 살았다. 그런데도 하나님의 뜻이라는 문제가 너무도 자주 내 마음을 누른다. 나는 일주일이 멀다 하고 자신에게 진지하게 묻는다. '나는 하나님께서 지금 이 순간 내게 원하시는 일을 하고 있는가?' 비단 나뿐만이 아닐 것이다. 아마도 모두의 귓전에 맴도는 질문일 것이다. 이 물음은 우리에게 결단을 요구한다. 그래서 우리는 자신에게 물어야 한다. "우리 삶을 향한 하나님의 뜻을 어떻게 알 수 있을까?"

먼저 하나님의 뜻을 전체적으로 이해하지 않고는 이 물음을 정확히 풀어낼 수 없다. 지금까지 해온 구분대로 하지 않으면 하나님의 뜻을 알려는 노력은 혼란에 빠지기 쉽다.

하나님의 뜻을 구할 때는 구체적으로 하나님의 어느 뜻을 구하는지 자신에게 먼저 물어야 한다. 하나님의 감춰진 뜻을 구한다면 헛심만 빼는 격이다. 불가능한 일을 하겠다고 덤비는 격이며 바람을 잡겠다는 꼴이다. 하나님의 비밀한 뜻은 우리가 상관할 바 아니며, 우리의 사색으로 가능한 탐구 영역 너머의 일이다.

순전히 사색에 기초한 교리와 이론으로 명확하고 분명한 성경의 가르침을 수정하거나 대신하려 했던 신학자들은 하나님의 백성에게 말로 다 못할 악행을 저질렀다. 하나님께서 침묵하시는 부분에서 하나님의 마음을 찾아내려는 노력은 위험하기 짝이 없다. 루터는 이것을 이렇게 표현했다. "우리는 그분의 말씀에 유념할 뿐, 그분의 이해 못할 뜻은 그대로 두어야 한다. 우리는 그분의 이해 못할 뜻이 아니라 그분의 말씀으로 인도 받아야 하기 때문이다."

그리스도인들은 성령의 조명을 받음으로써, 자신이 바른 일을 하고 있음을 환경을 통해 확인함으로써 하나님의 뜻을 분별해보아도 좋겠다. 그러나 섭리적 인도를 받기보다 계시된 하나님의 뜻을 연구하는 일이 언제나 먼저여야 한다.

이제 인간의 뜻이 만들어내는 긴장을 살펴보겠다. 자유의지 그리고 예정과 관련된 난제를 살펴보도록 하자.

Can I Know God's Will?

Chapter 2 사람의 뜻은 무엇인가?

 자유의지라는 말의 뜻을 제대로 이해 못한 채 인간에게 그럴듯하게 적용할 때가 많다. 실제로 인간의 자유의지에 관한 통일된 이론은 없다. 단지 인간의 자유의지에 관한 다양한 시각이 있을 뿐이다.

 인간의 자유의지는 아담이 타락하기 이전과 이후로 나눠서 살펴봐야 한다. 그래서 자유의지 문제는 한층 더 복잡하다. 가장 중요한 점은 타락이 인간의 도덕적 선택에 어떤 영향을 미쳤느냐는 것이다.

 어거스틴은 아담이 타락하기 전에 누린 자유를 세밀하게

분석했다. 어거스틴의 고전적 자유 개념은 네 가지 가능성을 구분한다. 라틴어로 표현하면 이렇다.

- posse pecarre _ 죄를 지을 능력
- posse non pecarre _ 죄를 안 지을 능력(또는 죄에서 자유로울 능력)
- non posse pecarre _ 죄를 짓지 못하는 무능력
- non posse, non pecarre _ 죄를 지을 수밖에 없는 무능력

어거스틴의 주장에 따르면, 아담은 타락 이전에 죄를 지을 능력도 있었고 죄를 안 지을 능력도 있었다. 그러나 아담은 하나님께서 누리시는 '죄를 짓지 못하는 무능력'을 가진 높은 상태에 있지는 않았다. 하나님께서 죄를 못 짓는 까닭은 하나님에게는 자신이 원하는 일을 하실 내적인 힘이 없기 때문이 아니라 죄를 지으려는 욕구가 없기 때문이다. 하나님께서는 죄를 지으려는 욕구가 전혀 없기 때문에 죄를 선택하실 이유도 없다.

타락하기 이전에 아담에게는 하나님의 도덕적 완전함이 없었으며, 죄를 지을 수밖에 없는 무능력도 없었다. 에덴동

산에서 시험을 치르는 동안 아담은 죄를 지을 능력도 있었고 죄를 안 지을 능력도 있었다. 그런데 아담은 죄 지을 능력을 사용하기로 선택했고, 그렇게 인류를 파멸로 몰아넣었다.

그 결과 아담이 지은 인류 최초의 죄가 그의 모든 후손에게 전가되었다. 원죄는 인류 최초의 죄가 아니라 인류 최초의 죄에 대한 하나님의 징벌을 가리킨다. 최초의 죄 때문에 인간의 본성은 도덕적으로 타락했고, 이것 자체가 하나님이 내리신 심판의 한 부분이다. 우리가 말하는 원죄란 인류에게 임한 하나님의 심판을 보여주는 타락한 인간의 상태를 뜻한다.

인간의 타락

그리스도인들마다 인간이 타락한 정도와 그 심각성을 다르게 본다. 물론 인류가 타락했다는 데는 거의 다 동의한다. 어거스틴은 인간의 타락이 더없이 심각한 까닭은, 인간은 본래 의를 행할 능력이 있었으나 타락으로 이 능력을 잃었기 때문이라고 했다. 이제 인간은 죄를 안 지을 능력이 없다. 타락한 인간에게는 죄를 지을 수밖에 없는 무능력이 있을 뿐이다. 타락할 때, 인간은 도덕적 자유에 더없이 중요한 그 무엇을 잃었다.

어거스틴에 따르면, 타락 이전의 인간은 자유의지와 도덕적 자유를 모두 누렸다. 그러나 타락 이후 인간은 자유의지는 그대로 유지했으나 타락 이전에 누렸던 도덕적 자유는 잃었다.

조나단 에드워즈Jonathan Edwards의 〈의지의 자유에 관하여 On the Freedom of the Will〉는 타락한 인간의 자유의지에 관한 가장 통찰력 깊은 연구가 아닐까 싶다. 조나단 에드워즈와 어거스틴은 서로 다른 용어를 사용했지만 두 사람이 말하려는 내용은 본질적으로 같았다.

에드워즈는 자유의 '자연적 능력'과 자유의 '도덕적 능력'을 구분했다. 자연적 능력이란, 행동하고 선택하는 타고난 능력을 말한다. 인간의 자연적 능력은 생각하고, 걷고, 말하고, 먹는 등의 능력을 포함한다. 인간은 하늘을 나는 능력, 물고기처럼 바다에서 사는 능력, 먹지 않고 여러 달을 동면

하는 능력이 없다. 인간은 하늘을 날고 싶은 욕구가 있다. 하지만 이 욕구를 실현하는 데 필요한 자연 기관(날개)이 없다. 우리의 자유는 우리의 자연적 능력의 한계와 맞물린 태생적 한계에 부딪친다.

타락한 인간에게는 도덕적 선택에 필요한 자연적 능력이 여전히 있다. 인간은 여전히 생각하고 느끼며 바란다. 선택에 필요한 모든 능력은 여전히 그대로 있다. 그러나 타락한 인간에게는 의를 향하는 도덕적 성향이나 욕구가 없다. 인간에게는 자신이 원하는 바를 선택할 능력은 여전히 있지만, 진정한 의를 향한 욕구(갈망)는 없는 것이다.

인간은 '자연적으로는' 자유롭다. 그러나 '도덕적으로는' 부패하고 악한 자기 욕망의 노예다. 에드워즈와 어거스틴 모두 인간은 여전히 선택의 자유가 있으나 의를 갈망하지 않으므로 홀로 두면 절대로 의를 선택하지 않는다고 했다.

에드워즈는 이 문제를 안고 한걸음 더 나갔다. 에드워즈에 따르면, 인간은 자기 욕구를 따라 선택할 능력이 있을뿐더러 필연적으로 그렇게 선택한다. 우리는 자신이 원하는 바를 선택할 수 있을뿐더러 자신이 원하는 바를 반드시 선택한다.

 이 부분에서 이의를 제기해야겠다. 자유로운 선택은 환상이 아닌가? 우리가 자신이 선택하는 바를 반드시 선택한다면, 어떻게 그 선택이 자유롭다고 하겠는가? 우리가 자신이 원하는 바를 선택할 자유가 있으나 악한 것만 원할 뿐이라면, 어떻게 자유의지를 말할 수 있는가? 바로 이런 이유에서 어거스틴은 자유의지와 자유를 구분했고, 타락한 인간은 자유의지는 여전히 있지만 자유는 잃어버렸다고 했다. 바로 이런 이유에서 에드워즈는 우리에게 자연적 자유는 여전히 있으나 도덕적 자유는 잃어버렸다고 했다.

 우리가 죄밖에 선택하지 못한다면 도대체 왜 자유를 말하는가? 선택과 욕구나 성향의 관계가 문제의 핵심이다. 에드워즈의 이론에 따르면, 우리는 언제나 그 순간의 가장 강한 성향을 따라 선택한다. 우리는 자신의 가장 강한 욕구를 따라 선택할 수 있을 뿐 아니라 반드시 그 순간에 자신이 느끼는 가장 강한 욕구를 따라 선택한다. 이것이 자유의 본질이다. 다시 말해 나는 내가 원하는 것을 내가 원할 때 선택할 수 있다.

내가 무언가를 반드시 해야 한다면 나의 행동은 결정된 셈이다. 그러나 나의 행동이 이미 결정된 상태라면 어떻게 내가 자유롭다 할 수 있는가? 이 어려운 물음에 대한 고전적인 답변은 내 선택이 내 안에서 결정된다는 것이다. 자유의 본질은 자기 결정이다.

외부에서 내게 선택을 강요할 때 나는 자유를 잃는다. 내가 원하는 바를 스스로 선택할 수 있을 때, 자유의지는 무너지는 게 아니라 더욱 견고해진다.

선택은 욕구에서 비롯된다

그 순간의 가장 강한 욕구나 성향을 따라 선택한다는 말은 내 선택에 이유가 있다는 뜻이다. 에드워즈는 의지(뜻)를 '선택하는 마음'이라고 정의했다.

모든 결과에는 원인이 있다. 선택도 결과이기 때문에 모든 선택에는 앞서 어떤 원인이 있게 마련이다. 그 원인이 바로 성향이나 욕구이다. 내 안에 원인이 없다면 나는 강제에 의한 희생물이다. 원인이 내게 있다면 나의 선택은 자발적 선택이며 따라서 자유로운 선택이다.

인간은 언제나 그 순간의 가장 강한 욕구를 따라 선택한다는 게 에드워즈의 이론이다. 당신이 하루 동안 내린 가장 평범한 선택을 생각해보라. 어느 모임에 참석해 앞에서 넷째 줄, 왼쪽에서 셋째 자리를 선택해 앉았다면 왜 그 자리를 선택했는가? 그 방에 들어갈 때 어느 자리가 마음에 드는지 철저히 분석하지는 않았을 것이다. 배치도를 그려서 어느 자리가 가장 좋을지 결정하지도 않았을 것이다. 의식적으로 요리조리 재보지 않고 그냥 즉흥적으로 그 자리를 선택했을 것이다.

그렇다면 당신의 선택이 아무 이유도 없었다는 뜻인가? 그런 모임 장소에 들어서면 어쩐지 왼쪽에 앉는 게 편하다고 생각했을 수도 있고, 친구가 가까운 자리에 앉아 있었거나 출입문이 가까워서 그 자리에 끌렸을 수도 있다. 이때 마음은 수많은 요소를 너무나도 재빨리 훑고 지나가기에 우리는 으레 자신의 반응이 즉흥적이었다고 생각하기 쉽다. 그러나 진실은 당신 속에 그 무엇이 특정한 자리에 앉고 싶은 욕구를 불러일으켰다는 것이다. 그게 아니라면 당신의 선택은 원인 없는 결과다.

어쩌면 자신이 통제하지 못하는 힘에 눌려 자리를 선택했을지도 모른다. 그 자리만 비어 있어 선택의 여지가 없었을 수도 있다.

하지만 정말 그럴까? 당신은 뒤에 서 있을 수도 있었다. 모임에 아예 참석하지 않을 수도 있었다. 당신이 하나 남은 자리를 선택해서 앉은 까닭은 앉으려는 욕구가 서 있으려는 욕구보다 강했기 때문이며, 모임에 참석하겠다는 욕구가 그 자리를 떠나겠다는 욕구보다 강했기 때문이다.

좀 더 특이한 경우를 생각해보자. 당신이 모임을 마치고 집으로 돌아가는 길에 강도를 만났다고 생각해보라. 강도가 당신 머리에 총을 겨누고 소리친다. "돈 가진 거 다 내놔. 아니면 목숨을 내놓든지."

당신은 어떻게 하겠는가? 강도의 요구에 응해 지갑을 꺼내준다면 당신은 강제에 의한 희생자가 된다. 그러나 어느 정도는 자유로운 선택을 한 셈이다. 총을 든 강도가 당신의 선택을 둘로 심하게 제한하고, 이로써 강제가 개입된다. 그래도 당신은 둘 중 하나를 선택할 수 있고, 그 순간에 가장 강한 욕구를 느끼는 쪽을 선택하며, 이로써 자유라는 요소가 유지된다.

이래도 그만이고 저래도 그만이라면, 강도에게 돈을 주고 싶은 욕구가 일지 않는다. 그러나 강도의 총에 머리에 구멍이 난 채 길바닥에 쓰러져 죽고 싶은 욕구는 더더욱 일지 않는다. 선택이 단 둘로 매우 제한적이라 해도 여전히 당신은 그 순간의 가장 강한 욕구를 따라 선택한다. 이렇게 우리는 언제나 자신이 진정으로 하고 싶은 것을 한다.

"하지만 성경은 우리가 언제나 자신이 하고 싶은 것을 하지는 않는다고 얘기하지 않습니까"라고 말할지도 모르겠다. 로마서 7장에서 사도 바울은 자신이 행하고 싶은 선은 행하지 않고 도리어 행하고 싶지 않은 악을 행한다며 탄식했다. 자신의 가련한 처지에 절망하는 바울의 모습은 선택과 욕구의 관계에 관한 에드워즈의 이론을 완전히 뒤엎는 듯 보인다. 그러나 바울은 욕구와 선택의 인과 관계를 분석한 것이 아니다. 다만 인간의 의지를 공격하는 복잡한 욕구 때문에 겪는 깊은 좌절을 표현했을 뿐이다.

인간은 다양한 욕구를 지닌 피조물로, 우리 안에서는 수많은 욕구가 강하게 충돌한다. 우리의 도덕적 선택이 '이래도 그만이고 저래도 그만'이라고 다시 생각해보라. 그리스도인으로서 나는 삶으로 그리스도를 기쁘게 하고 의를 구하려는 욕구를 강하게 느낀다. 하나님께 순종하려는 이러한 선한 욕구가 죄로 가득한 내 속에서 다른 욕구들과 날마다 싸울 때, 이 선한 욕구는 완벽하지 않을뿐더러 순수하지도 않다.

서로 충돌하는 욕구가 없다면 나는 절대로 불순종하지 않을 것이다. 하나님께 순종하려는 욕구가 나의 유일한 욕구이거나 가장 강한 욕구라면, 자의적으로 하나님께 죄를 짓는 일은 절대로 없을 거다.

그러나 이따금 죄를 지으려는 욕구가 순종하려는 욕구보다 강하다. 이럴 때는 죄를 짓는다. 물론 반대로 순종하려는 욕구가 죄를 지으려는 욕구보다 강할 때는 죄를 짓지 않는다. 내가 느끼는 욕구의 수준은 다름 아닌 나의 선택을 통해 가장 분명하고 확실하게 드러난다.

식욕처럼 욕구도 쉼 없이 지속되지는 않는다. 우리의 욕구는 날마다, 시간마다, 순간마다 널을 뛴다. 욕구는 파도처럼 밀려왔다 밀려간다. 다이어트 중에는 하루에도 여러 번 심한 허기를 느낀다. 배가 부르면 다이어트를 결심하는 건 어렵지 않다. 마찬가지로 감동적이고 영적인 기도를 체험할 때, 의롭게 살기로 결심하기란 어렵지 않다. 그러나 우리는 쉼 없이 바뀌는 분위기와 순간적 욕구에 휘둘리는 존재라서 경건한 욕구를 변함없이 품지 못한다. 우리 속에서 욕구가 서로 충돌하고 죄를 지으려는 충동이 떠나지 않는 한, 인간은 에드워즈가 말하는 대로 도덕적으로 완전히 자유롭지는 못하며, 어거스틴이 말한 충만한 자유도 경험하지 못한다.

자연발생적 행위로서의 선택

선택 행위는 순전히 자연발생적이라는 고전적인 개념은 어거스틴의 자유의지론과 정면으로 충돌한다. 이 개념에 따르면 의지는 선택을 하며 외적 강제력은 물론 내면의 성향이나 욕구로부터도 자유롭다. 그 순간의 선택은 그 어떤 성향이나 사전 의향의 통제나 지휘나 영향도 받지 않는다는 의미에서 자유로운 선택이다. 이것이 자유의지에 대한 서구 문화의 지배적인 시각이었다고 해도 좋겠다.

이러한 시각은 원인 없는 결과에 해당하는 선택을 할 수 있음을 암시한다. 또한 이러한 시각에는 원인 없는 결과를 도출하는 인간의 능력이 전능하신 하나님의 창조 능력마저 능가한다는 주장이 도사리고 있다. 더욱이 여기서는 '무無에서는 아무것도 나오지 못한다'는 기본적인 인과율마저 무너진다. 자유를 보는 이러한 시각은 성경뿐 아니라 이성과도 모순된다.

자유를 사전 성향의 통제를 전혀 받지 않는 순전한 자연발생적 선택이라고 이해하면, 자유는 도덕적 의미를 완전히 잃는다. 다시 말해, 내가 아무런 사전 동기 없이 행동하거나 의를 향하거나 의에서 멀어지려는 사전 성향 없이 행동한다면, 어떻게 이러한 나의 행동을 도덕적이라고 말하겠는가? 이러한 행동 뒤에는 아무런 이유도 없고, 아무 동기도 없을 것이다. 이러한 행동은 순전히 임의적일 뿐 아무런 도덕적 가치도 없다.

그러나 더 깊은 물음이 남았다. 이러한 자연발생적 행위가 가능한가? 의지가 좌로나 우로 기울지 않는다면 도대체 어떻게 의지가 선택을 한단 말인가? 어느 쪽으로 기울거나 그쪽에서 멀어지는 성향이 없다면, 행동은 물론 의지마저 완전히 마비될 것이다. 이것은 건초더미와 귀리 양동이를 앞에 둔 당나귀와 같다. 건초더미와 귀리에 대한 당나귀의 성향이 어느 쪽으로도 기울지 않고 정확히 같다면 결국 당나귀는 진수성찬을 앞에 두고도 어느 쪽도 선택하지 못하고 굶어죽고 만다.

자유를 보는 고전적 시각에는 행동주의 심리학이 제기한 실제적인 문제점이 남아 있다. 어떤 사람이 실제로 자기결정권이 있거나 자유롭다면, 이것은 그의 욕구를 완전히 알면 그가 어떤 상황에서 어떻게 행동할지 완벽히 예측할 수 있다는 암시가 아닌가? 이것은 우리가 이러한 예측 가능성이 암시되어 있다는 데 동의해야 한다는 뜻이다.

그러나 그 어느 천재라도 하나님의 전지하심에 미치지 못하기에 인간의 마음에서 선택을 저울질하는 복잡한 요소를 모두 다 알기란 불가능하다.

심리학자들처럼 우리도 선호와 성향이 많은 면에서 경험과 환경을 통해 형성된다는 사실을 인정한다. 그러나 우리는 인간이 어떻게 행동할지 정확히 예측하지 못한다. 인간의 행동이 예측 불가능한 이유는 복잡한 인간의 개성 안에 엄청난 변수들이 숨겨져 있기 때문이다. 그럼에도 우리의 행동에는 언제나 이유가 있고, 우리의 선택에도 언제나 원인이 있다는 사실은 변하지 않는다. 그 원인은 부분적으로 우리 자신에서 비롯되고, 또한 부분적으로 우리 주변에서, 우리를 거슬러 작용하는 힘에서 비롯된다.

자유란 무엇인가?

어거스틴과 같은 교부教父들처럼, 자유를 '우리가 원하는 바를 선택하는 능력'으로 정의하면 가장 안전하다. 하나님의 주권은 인간의 이러한 면을 소멸하지 않고 오히려 다스리는 게 분명하다.

경직된 형태의 결정론에서 절망의 외침이 터져 나온다. "인간을 이루는 복잡한 요소들이 너의 선택을 전적으로 결정한다면, 자기 발전이나 의를 추구하는 게 무슨 가치가 있겠는가? 나의 성향과 욕구가 나의 의지를 지배한다면, 나의 현재 행동 방식에 심히 해로운 죄의 패턴에서 내가 벗어날

희망이 있는가?"

성화聖化 과정은 내면의 자아를 철저히 개조하는 작업을 포함한다. 우리는 맹목적이고 기계적인 힘에게 운명을 지배당하는 희생자가 아니다. 우리는 지적인 존재로서 자기 마음의 성향과 지성의 의향을 바꾸기 위해 무엇인가를 할 수 있다.

욕구는 우리 영혼에서 고동치는 확고 불변한 힘이 아니라는 점을 기억해야 한다. 우리의 욕구는 시시때때로 변하고 요동친다. 성경은 우리에게 새 사람을 먹이고 옛 사람을 굶기라고 명한다. 우리가 이 명령을 이행할 방법이 있다. 그리스도를 향한 욕구(갈망)가 타오를 때는 밀물과 썰물처럼 변하는 분위기를 이용해 새 사람에 힘을 더하고, 배가 부를 때는 옛 사람을 굶겨 옛 사람의 욕구를 죽이면 된다.

죄의 구조를 파악하는 최선의 방법은 내가 죄를 짓는 그 순간 하나님을 기쁘게 하기보다 죄를 더 바란다는 사실을 이해하는 것이다. 달리 말하면, 죄에 대한 욕구가 강렬한 그 순간, 내가 하나님께 대한 순종보다 죄를 더 사랑한 것이다. 그러므로 결론은 간단하다. 우리 안에 도사린 죄를 이기려면, 죄에 대한 욕구를 줄이든지 하나님께 순종하려는 욕구를 키워야 한다.

이런 변화가 일어나게 하려면 우리가 무엇을 해야 할까? 어느 수업을 듣거나 어느 선생 밑에서 훈련을 받으면서 하나님의 율법을 철저히 연구할 수 있다. 이런 훈련과 연구는 마음을 새롭게 하고, 무엇이 하나님을 기쁘게 하고 무엇이 그분을 슬프게 하는지 새롭게 깨닫는 데 보탬이 된다. 마음을 새롭게 함이 바로 성경이 정의하는 영적 변화다.

조나단 에드워즈가 말했듯이 마음(지성)과 의지는 서로 연결된다. 하나님께서 우리 죄를 얼마나 혐오하시는지 깊이 깨달을수록 죄를 대하는 태도가 달라진다. 성경은 무엇이든 순전하고 선한 일에 집중하라고 명령한다. 우리는 이 명령에 따라야 한다.

깊은 정욕의 공격을 받는 사람이 순전한 생각 쪽으로 스위치를 전환하리라고 기대하는 것은 무리다. 이런 사람이 그 순간 스위치를 눌러 자기 욕구의 성향을 바꾸기란 어렵다. 그러나 좀 더 냉정한 분위기라면, 자기 마음을 하나님의 일과 관련된 높고 거룩한 생각으로 채워 그 마음을 새롭게 할 기회가 있을 것이다. 그렇게 되면 하나님을 향한 마음의 성향은 강화되고 죄를 향하는 타락한 본성의 성향은 약화된다.

실낱같은 변화의 소망도 포기하게 만드는 엄격한 결정론과 피상적인 행동주의에 굴복할 필요가 없다. 성경은 우리가 우리의 노력으로 은혜의 방편을 적용하고 있을뿐더러 하나님께서 친히 우리로 그리스도의 형상을 닮는 데 필요한 변화를 우리 안에서 일으키심을 기억하고 "두렵고 떨림으로" 우리의 구원을 이루라고 독려한다빌 2:12-13; 1:16 참조.

하나님의 주권과 인간의 자유

인간의 의지는 하나님의 주권과 어떤 관계인가? 기독교 신앙에서 가장 오래된 딜레마는 하나님의 주권과 인간의 자유가 확연한 모순처럼 보인다는 것이다. 인간의 자유를 자율(인간은 하나님의 뜻을 제한하지도 않고, 하나님의 뜻에 대해 아무 책임도 없이 무엇이든 자신이 원하는 대로 할 자유가 있다는 뜻이다)이라고 정의한다면, 당연히 인간의 자유의지가 하나님의 주권과 모순된다고 말해야 한다.

  이 딜레마를 신비라고 부름으로써 이 딜레마가 덜 심각한 듯이 말해서는 안 된다. 인간의 자유의지가 내포하는 온전한 의미를 직시해야 한다. 인간의 자유의지가 자율을 뜻한다면, 하나님은 주권적이지 못하다. 인간이 무엇이든 자신이 원하는 대로 할 만큼 완전히 자유롭다면, 주권적인 하나님은 존재할 수 없다. 그러나 하나님께서 자신이 원하는 대로 하실 만큼 전적으로 주권적이라면, 그 어느 피조물도 자율적이지 못하다.

  사람마다 자유로운 정도가 제각각일 수는 있다. 그렇더라도 그 누구도 주권적이지는 않다. 자유의 정도는 각자가 가진 힘과 권위와 맡은 책임의 정도에 따라 결정된다. 그러나 우리는 이런 형태의 우주에 살지 않는다.

  주권적인 하나님이 계신다. 다시 말해, 하나님께서는 절대적으로 자유로우시지만 나의 자유는 언제나 한계가 있다. 하나님의 주권이 언제나 나의 자유를 제한한다. 물론 나는 내가 원하는 일을 할 자유가 있다. 그러나 나의 자유가 하나님의 작정적인 뜻과 상충될 때, 결과는 불 보듯 뻔하다. 하나님의 작정이 나의 선택을 이기기 때문이다.

우리가 아주 자주 듣는 말이 있다. 하나님의 주권이 절대로 인간의 자유를 억누르지 않는다는 점에서 하나님의 주권은 절대로 인간의 자유를 침해하지 않는다는 말이 기독교 진영들 내에서 거의 무비판적으로 받아들이는 진리가 되었다는 것이다.

그러나 이런 생각은 하나님의 주권이 인간의 자유에 의해 제한된다는 사상을 내포하기 때문에 신성모독에 가깝다. 이것이 사실이라면 하나님이 아니라 인간이 주권적이며, 하나님은 인간의 자유에 의해 제한된다. 이러니 어찌 신성모독이 아니라 할 수 있겠는가!

하나님께서 이차적이고 무능한 피조물의 위치로 밀려나기에 하나님의 영광과 위엄과 존귀가 땅에 떨어진다. 성경적으로 말하면, 인간은 자유롭지만 절대로 인간의 자유가 하나님의 주권을 침해하거나 위압하지는 못한다.

나와 내 아들은 자유로운 도덕적 존재다. 아들도 의지가 있고 나도 의지가 있다. 그러나 아들이 내 집에서 살던 십대 시절에는 아들의 뜻이 나의 뜻을 제한하기보다 나의 뜻이 아들의 뜻을 제한할 때가 많았다. 부자 관계에서 아들보다는 내가 권위와 힘이 더 컸으며, 따라서 아들보다는 내가 더 자유로웠다. 우리와 하나님의 관계도 다르지 않다. 하나님의 능력과 권위는 무한하며, 그분의 자유는 절대로 인간의 자유의지에 의해 방해받지 않는다.

하나님의 주권과 인간의 자유의지 사이에는 아무런 모순도 없다. 둘 사이에 모순이 있다고 보는 사람들이나 심지어 이것을 풀리지 않는 신비라고까지 말하는 사람들은 신비를 오해한 것이다. 인간의 자유의지와 관련해, 진정한 신비는 아담이 타락 전에 자유의지를 어떻게 행사했느냐이다.

아담의 죄에 대한 설명들

어거스틴은 이렇게 주장했다. 타락하기 이전에 아담은 죄를 지을 능력도 있었고 죄를 짓지 않을 능력도 있었다. 또 아담은 죄에 대한 사전 성향이나 의향이 전혀 없는 존재로 창조되었다. 이러한 어거스틴의 주장이 옳다면 한 가지 의문이 생긴다. "악에 대한 사전 성향이 전혀 없는 피조물이 실제로 악에 빠지는 게 어떻게 가능했는가?"

이 신비와 씨름하면서 과거에 제시되었던 몇 가지 설명을 소개하겠다.

첫째, 우리는 아담이 타락한 이유가 그가 간교한 사탄에게 속았고 단지 자신이 무엇을 하는지 알지 못했기 때문이라는 가설을 세울 수 있다. 이러한 가설의 토대는 성경이 마귀의 간교함을 강조한다는 사실이다. 사탄은 자기 정체를 숨긴 채 아담과 하와의 생각을 혼란하게 함으로써 이들을 유혹할 수 있었다. 따라서 뱀의 간계를 눈치 채지 못했다는 사실이 말해 주듯이 인류의 시조는 도덕적으로 약했던 게 아니라 지적으로 약했다.

그러나 성경은 이 상황에서 아담과 하와가 대적에게 완전히 속았다고 말하지 않는다. 오히려 하나님께서 자신들에게 무엇을 허락하셨고 무엇을 금하셨는지 아주 잘 알았다고 말한다. 그래서 문제는 복잡해진다. 아담과 하와는 하나님의 명령을 몰랐기 때문에 죄를 지었다고 변명할 수 없었다.

무지함이 변명이 되는 경우도 있다. 무지를 피하거나 이겨

내기가 불가능한 경우다. 로마가톨릭교회는 이것을 '불가항력적 무지'라고 부르는데, 이는 우리가 극복할 수 없는 무지다. 그러므로 불가항력적 무지는 적절한 변명이 되며, 도덕적 악행에 대한 책임을 모두 면하게 해준다.

그러나 성경에 따르면 아담과 하와의 경우는 불가항력적 무지에 해당하지 않는다. 하나님께서 이들에게 심판을 선언하셨다는 사실이 이를 뒷받침한다. 하나님께서 이들에게 선포하신 심판이 독단적인 횡포였다거나 부도덕한 것이 아니었으므로 아담과 하와에게는 변명의 여지가 없다고 결론지을 수밖에 없다. 공의로우신 하나님께서는 변명 가능한 허물(범법행위)은 벌하지 않으신다. 그리고 실제로 변명 가능한 허물은 허물이 아니다.

둘째, 어떤 사람들은 아담과 하와가 사탄의 강압에 못 이겨 하나님께 불순종했다고 설명한다. "마귀가 시켰어요!"라는 말이 여기서 처음 사용된다. 그러나 만약 사탄이 실제로 아담과 하와가 하나님의 법을 어기도록 강요했다면, 이번에도 이들의 행동은 변명의 여지가 있다. 그렇다면 아담과 하와가 합리적 수준의 자유가 없는 상태에서 행동했고 따라서 최소한 도덕적 비난은 면했을 거라고 결론 내려야 한다. 성경은 사탄이 아담과 하와를 강제로 조종하지 않았다고 암시하므로, 이러한 이론은 성경의 분명한 가르침에 어긋난다.

성경은 아담과 하와에게 책임을 전적으로 돌린다. 아담과 하와는 악을 행했다. 이들의 선택은 악했다.

어떻게 아담과 하와가 악한 선택을 했는가? 선택과 관련된 어거스틴과 조나단 에드워즈의 공통된 분석을 타락 이전의 아담에게 적용하면 해결 불가능한 딜레마에 빠진다.

아담이 순전히 중립적 성향을 띤(의나 악으로 조금도 기울지 않은) 존재로 창조되었다 하더라도, 우리는 여전히 동일한 논리적 난관에 봉착한다. 그것은 바로 조나단 에드워즈가 이러한 중립적 성향을 타락 이후의 아담에게 부가하려는 자들이 봉착하리라고 했던 바로 그 난관이다.

사전 성향이 없는 의지라면 선택하려는 동기도 없을 것이다. 동기가 없으면 선택도 불가능하다. 설령 동기 없는 선택이 가능하더라도 이런 선택은 도덕적 의미를 전혀 갖지 못한다.

나머지 두 설명도 살펴보아야 한다. 두 번째 설명은 아담이 악에 대한 사전 성향만 지닌 존재로 창조되었다는 것이며, 반대로 세 번째 설명은 아담이 선에 대한 사전 성향만 지닌 존재로 창조되었다는 것이다. 두 설명 모두 지적 난관에 부딪힌다.

아담이 악에 대한 사전 성향을 지닌 존재로 창조되었다면, 하나님의 성품에 무서운 먹구름이 드리운다. 이것은 하나님께서 인간을 악에 대한 사전 성향을 지닌 존재로 창조하신 후, 인간의 영혼에 친히 심어두신 악에 대한 성향을 인간이 사용했다는 이유로 인간을 벌하셨다는 뜻이기 때문이다.

이렇게 되면 하나님께서는 인간의 악을 조성하신 분이 되고, 인간의 악은 궁극적으로 하나님의 책임이 된다. 이 이론은 인간의 책임을 전적으로 선하신 하나님에게 전가하므로, 성경은 어디서나 이런 이론을 혐오한다.

그런데도 많은 사람이 최초의 인간 아담이 넌지시 했던 비난을 좇아 이 설명을 받아들인다. 아담은 "하나님이 주셔서 나와 함께 있게 하신 여자 그가 그 나무 열매를 내게 주므로 내가 먹었나이다" 창 3:12라고 말함으로써 창조주 앞에서 자기 행동을 변명했다. 아담의 후손들 역시 지금껏 타락의 책임을 창조주에게 돌림으로써 자신의 타락성을 분명하게 드러냈다.

셋째, 어떤 사람들은 하나님이 인간을 의에 대한 성향만 지닌 존재로 창조하셨다고 설명한다. 이 설명이 옳다면, 충분한 원인 없이 결과가 일어난 셈이다. 의에 대한 성향만 지닌 존재로 창조된 피조물이 악한 행동을 선택하는 게 어떻게 가능했는가?

아담의 죄의 미스터리에 대한 또 다른 탐구

나는 변증법적 신학을, 모순과 터무니없는 진술이 아름답다고 외치는 신학을 진저리나게 싫어한다. 그래서 나는 아담의 죄의 기원에 대한 어느 신정통주의 신학자의 설명에 정말이지 동의하기 힘들다.

칼 바르트Karl Barth는 아담의 죄를 '불가능한 가능성'이라 부른다. 물론 바르트는 아담의 죄가 설명이 전혀 불가능한 미스터리라는 점을, 논리적으로 불가능하고 상상조차 불가능한 일이 일어났으며 우리에게 정말이지 불가해한 미스터리로 남아 있다는 점을 강조한다.

그런가 하면 미스터리한 아담의 범죄를 복잡하고 정교하게 풀려는 시도들도 있었다. 그 가운데 하나는 아담의 죄가 모든 죄와 같다는 설명이다. 다시 말해, 아담의 죄는 본래 내재적으로 선하던 그 무엇의 궁핍이나 부패나 부정이라는 설명이다.

이 설명에 따르면 아담은 선한 도덕적 성향을 지닌 존재로 창조되었기에 아담의 욕구는 지속적으로 선했고, 따라서 그의 행위도 똑같이 선했다. 그러나 도덕적 선택이 너무 복잡해 선한 의지(선한 요구를 내포한 의지)가 이따금 악한 목적에 오용되고 남용되기도 한다. 이러한 혼란은 둘째 아담이자 새로운 아담이신 예수님이 시험(유혹)을 받으시는 장면에서 가장 잘 나타난다.

광야에서 사탄은 오래 금식하신 예수님을 찾아와 시험(유혹)했다. 그 무렵 예수님은 당연히 음식 생각이 간절했다. 식욕은 인간의 자연스런 욕구로, 식욕 자체는 전혀 비도덕적이지 않다. 그러나 예수님은 자기 결핍을 통해 하나님께 순종하려 하셨다.

사탄은 예수님을 찾아와 돌로 떡을 만들어 먹으라면서 그분의 지극히 정상적인 욕구를 자극했다. 그러나 예수님은 아버지께 대한 순종의 욕구가 식욕보다 강했다. 그러므로 완전히 의로운 욕구(갈망)가 넘쳤던 예수님은 사탄의 시험(유혹)을 이기셨다.

이제 이론은 이렇게 전개된다. 선한 그 무엇이, 그 자체로 선하지만 사탄의 유혹 탓에 오용되고 남용되기도 했던 그 무엇이 아담을 타락시켰다.

이러한 설명은 분명히 아담의 타락을 한층 이해하기 쉽게 하지만, 곧바로 무너지고 만다. 왜냐하면 여기에는 선한 욕구가 어떻게 뒤틀릴 수 있었고, 하나님께 순종해야 하는 이전 의무를 어떻게 뒤집을 수 있었는지에 관한 설명이 없기 때문이다. 죄를 저지르기 이전 어느 시점에서 아담은 하나님께 순종하려는 욕구보다 불순종하려는 욕구가 강했던 게 틀림없다. 타락은 이미 여기에서 일어났다. 불순종으로 하나님을 거스르려는 욕구 자체가 죄이기 때문이다.

아담의 타락을 자유의지와 연결 지어 설명하는 문제는 통찰력이 뛰어난 신학자들에게 맡기겠다. 죄를 유한한 인간의 한계 탓으로 돌린다면, 인간을 유한하게 지으신 하나님에게 책임을 돌리는 셈이다.

성경적으로 이 문제는 지금까지도 도덕적이었고 앞으로도 언제나 도덕적일 것이다. 창조주께서 인간에게 죄를 짓지 말라고 명하셨다. 그러나 인간은 죄를 지었다. 인간은 하나님이나 그 누가 강요했기 때문에 죄를 지은 게 아니었다. 인간은 스스로 죄를 선택했다.

결과적으로 아담이 어떻게 죄를 지었는가라는 물음의 해답을 찾는 건 더없이 깊은 미스터리로 들어가는 일이다. 우리는 최종적으로 우리의 죄가 실재이며 그 죄에 대한 우리의 책임도 실재임을 인정할 수 있을 뿐이다.

우리는 죄를 설명할 길이 없지만, 죄를 고백해야 한다는 것은 알고도 남는다. 그러므로 절대로 죄의 원인을 하나님께 돌려서는 안 된다. 또한 성경이 분명하게 우리에게 돌리는 도덕적 책임을 회피하는 그 어떤 입장도 받아들이지 말아야 한다.

어떤 사람들은 기독교 신앙이 죄 문제에 만족스러운 답을 주지 못한다고 비판한다. 사실 다른 종교도 죄 문제를 다룬다. 어느 종교는 악의 실재를 부정하는 데 그친다. 편리하지만 황당한 해결책이다. 기독교만이 죄의 결과를 피하는 탈출구를 제시함으로써 죄의 실재를 정면으로 다룬다.

기독교는 죄 문제를 다른 종교와는 전혀 다르게 해결한다. 기독교는 예수 그리스도와 그분의 사역에 초점을 맞추기 때문이다. 예수 그리스도의 완전한 희생은 신자들의 죄를 씻는 능력이 있으며, 우리는 이러한 예수 그리스도의 완전한 희생을 통해 하나님 보시기에 의롭게 된다.

그러나 이러한 의는 우리 마음대로 해도 좋다는 허가증이 아니다. 우리는 여전히, 특히 도덕적, 윤리적, 사회적 딜레마로 가득한 이 시대의 위험한 물살을 헤쳐 나갈 때, 하나님의 교훈적인 뜻을 힘써 행해야 한다.

지금까지 하나님의 뜻과 인간의 뜻을 신학적인 면에서 살펴보았다. 이제 우리의 직업을 향한 하나님의 뜻과, 우리의 결혼생활을 향한 하나님의 뜻이라는 아주 실제적인 두 문제를 생각해보도록 하겠다.

삶의 드라마에서 중심 무대를 차지하는 이 두 부분과 관련해 하나님의 뜻과 사람의 뜻에 대해 무엇을 배울 수 있을까? 살면서 우리가 지혜로운 결정을 내릴 수 있도록 돕는 몇 가지 지침을 살펴보겠다.

Can I Know God's Will?

Chapter 3 　나의 직업에 대한
　　　　　　　하나님의 뜻

사람을 소개받으면 보통 서로 세 가지를 묻는다. "성함이 어떻게 되세요?" "고향은 어디신가요?" "무슨 일을 하시나요?"

이번 장은 세 번째 질문과 관련이 있다.

'무슨 일을 하시나요?'는 직장 또는 직업을 묻는 질문이 분명하다. 사람들은 우리가 무슨 일을 해서 먹고 사는지, 무슨 일을 하며 꿈을 이루려고 애쓰는지 알고 싶어 한다.

"일만 하고 놀 줄 모르면 바보가 된다." 일이 인생의 전부는 아니다. 사람들은 오락, 수면, 놀이를 비롯해 직업과 직접 관련이 없는 활동에도 시간을 쓴다. 그러나 삶에서 일은 참으로 엄청난 시간을 차지한다. 그래서 사람들은 자신의 일을 기준으로 자신이 누구인지를 가늠하곤 한다.

우리는 무엇이든 저마다 일을 하는 피조물이다. 이것이 창조의 계획이다. 하나님 자신이 일하시는 하나님이다. 창조 순간부터 하나님께서는 우리의 시조에게 일하는 책임을 맡기셨다. 아담과 하와는 땅을 가꾸고 경작하며 지켜야 했고, 동물의 이름을 지어주어야 했으며, 땅을 관리하는 책임을 이행함으로써 땅을 정복해야 했다. 이 모든 활동은 시간과 에너지와 자원을 소모한다. 간단히 말해, 노동이다.

우리는 이따금 노동이 아담의 타락 때문에 하나님께서 내리신 벌이라고 생각한다. 하지만 이는 잘못된 생각이다. 노동은 아담이 타락하기 이전에 주어졌다. 다만 타락 탓에 더욱 힘들어졌다. 우리가 경작하려는 좋은 땅에 가시와 엉겅퀴가 무성해졌고, 그걸 치우느라 이마에 땀이 맺혀야 마침내 우리 노동이 결실을 얻는다. 이것이 바로 죄에 대한 벌이다. 그러나 노동 자체는 창조 때 남자와 여자가 받은 영광스런 특권이다. 노동의 중요성을 이해하지 않고는 우리의 인성을 이해하기란 불가능하다.

대부분의 사람들은 평생 할 일을 위해 초년에 준비하고 훈련한다. 섬세한 그리스도인은 일을 통해 하나님 나라에 기여하고, 하나님의 명령을 수행하며, 살아계신 하나님의 종으로서 거룩한 부르심에 응할 책임이 있다는 것을 깨닫는다. 이러한 그리스도인은 자기 일을 통해 하나님을 가장 잘 섬기는 법을 찾는 데 관심을 쏟는다.

직업과 부르심

직업 혹은 천직vocation이란 개념의 토대는 하나님의 부르심이라는 신학적 전제이다. 직업이라는 단어는 '부르심'calling을 뜻하는 라틴어 단어에서 왔다. 그런데 세속사회에서 직업이라는 단어는 종교적 의미를 잃고 그저 생업career의 동의어로 전락했다. 이번 장에서 내가 사용하는 직업이라는 단어는 본래 의미와 같다. 하나님께서 우리에게 맡기신 과제나 책임을 수행하라는 거룩한 요청이라는 뜻으로 사용할 것이다.

우리가 그리스도인으로서 씨름하는 문제가 있다. "나의

직업과 관련해, 나는 하나님의 뜻 가운데 있는가?" 달리 말하면 "나는 내 하나님께서 내게 원하시는 일을 하며 살고 있는가?"

여기서 하나님의 뜻은 매우 실제적인 문제다. 직업은 내가 깨어 있는 시간의 대부분을 차지하고 나의 인격 형성에 가장 큰 영향을 미치는 부분이기 때문이다.

성경은 하나님이 '부르시는 하나님'이라고 가르친다. 세상은 전능하신 창조자의 부르심으로 창조되었다. "빛이 있으라 하시니 빛이 있었다"창 1:3.

그뿐 아니라 하나님께서는 자신의 백성을 회개로, 회심으로, 자신의 가족으로 부르신다. 더 나아가 하나님께서는 우리의 은사와 달란트를 한껏 활용해 하나님 나라에서 하나님을 섬기라며 우리를 부르신다. 그래도 문제는 남는다. "하나님께서 나를 불러 맡기시는 직업이 구체적으로 무엇인지 어떻게 알 수 있을까?"

현대사회의 큰 비극은 인력 시장이 거대하고 복잡하며 직업이 헤아리지 못할 만큼 다양한데도 정작 교육제도는 극소수 직업만을 선택하도록 가르친다는 점이다. 내가 고등학교를 졸업하고 대학에 들어갔을 때, 학생들은 자기 전공과 장래 직업을 두고 많은 이야기를 나누었다. 이야기를 나누다 보면 마치 모든 사람이 엔지니어가 되려는 듯이 보였다. 1950년대에 기계화 문명이 확대되면서 엔지니어링 분야에서 그야말로 노다지를 캐는 수많은 직종이 쏟아져 나왔다. 덕분에 대학은 엔지니어가 되겠다는 꿈에 부푼 젊은이로 넘쳤다.

그러다가 1970년대에 이르자 엔지니어들이 시장에 과다하게 쏟아져 나왔다. 엔지니어링 분야에 일자리가 부족해 해당 분야에서 박사학위를 받고도 실업 급여를 타거나 식당에서 접시를 닦는 사람들이 수두룩하다는 소문이 나돌았다. 교육을 전공한 사람들도 다르지 않았다. 교사 자리는 점점 줄어드는데 지원자는 점점 늘었다. 이미 포화 상태에 이른 직종으로 사람들을 몰아넣은 잘못된 홍보와 상담 탓에 문제는 더 심해졌다.

20세기 초에는 선택이 훨씬 쉬웠다. 아이들의 절대다수가 농부가 될 준비를 하며 시간을 보냈기 때문이다. 그런데 안타깝게도 지금은 농업 종사자가 전체 인구의 2퍼센트에 지나지 않는다. 한 직업이 급격히 쇠퇴하고 수많은 다른 직업이 생겨난 것이다.

내게 맞는 직업

직업 문제는 삶에서 중요한 두 시기에 위기로 찾아온다. 첫째는 청소년기가 끝날 무렵이다. 이 무렵 청소년들은 장차 써먹기 위해 어떤 기술이나 지식을 쌓을지 결정하라는 압박을 받는다. 대학 신입생들은 어떤 선택이 가능한지도 모르고 능력도 제한된 상황에서 전공을 결정해야 한다는 압박을 느낀다.

인생에서 직업이 중요해지는 둘째 시기는 중년이다. 이 무렵 사람들은 자기 직업에 대해 좌절하거나 혹은 실패했다 여긴다. 그래서 스스로 묻는다. "내가 인생을 허비한 게 아닐까? 의미도 없고 성취감도 없으며 좌절감만 안겨주는 직업에 평생 매달려야 하는 걸까?"

이런 물음은 미국 목회상담에서 직장 문제가 결혼 문제에 버금가는 중요한 부분이라는 사실을 잘 보여준다.

직장생활에서 느끼는 좌절이 부부 문제와 가정불화의 주요 원인이라는 사실도 기억해야 한다. 따라서 청소년기뿐 아니라 중년에도 가정에 좌절감이 찾아오면, 직업 문제를 아주 조심스럽게 다루는 게 중요하다.

한 사람의 소명을 찾아낼 때 네 가지 중요한 질문에 집중해야 한다.

- 나는 무엇을 할 수 있는가?
- 나는 무엇을 하길 좋아하는가?
- 나는 무엇을 할 수 있길 바라는가?
- 나는 무엇을 해야 하는가?

마지막 질문이 예민한 양심을 괴롭히기도 한다. 이 질문에 답하려면 나머지 세 질문을 먼저 살펴보아야 한다. 나머지 세 질문이 '나는 무엇을 해야 하는가?'라는 질문과 밀접하게 연결되기 때문이다.

나는 무엇을 할 수 있는가? 직업을 선택할 때는 자신의 능력과 기술, 적성을 합리적으로 평가하는 것이 매우 중요하다. 모세와 예레미야는 자격이 없다 핑계를 대며 하나님의 부르심에 순종하길 거부했다고 이의를 제기하는 사람도 있을 것이다. 모세는 말주변이 없다고 항변했고, 예레미야는 자신의 창조자에게 자신은 너무 어리다고 했다. 그러나 둘 다 하나님께 책망을 들었다. 자신은 감당할 능력이 없다는 어쭙잖은 핑계로 하나님의 부르심을 회피하려 했기 때문이다.

모세와 예레미야 모두 하나님의 부르심을 수행하려면 무엇이 필요한지 제대로 알지 못했다. 예를 들면, 모세는 말주변이 없다며 항변했으나 하나님께서는 그 부분에서 모세를 도우라고 아론을 준비해 두셨다. 하나님께서 모세에게 바라신 것은 순종의 리더십이었다. 사람들 앞에서 말하는 일은 다른 사람에게 맡기면 그만이었다. 하나님께서는 모세의 은사와 능력과 적성을 고려하신 후에 그를 부르신 게 분명하다.

하나님은 완벽한 경영자이시란 사실을 우리는 늘 염두에 두어야 한다. 하나님의 선택은 매우 효율적이며 한 치도 어긋남이 없다. 하나님께서는 사람들을 부르실 때 자신이 그들에게 부여한 은사와 달란트에 맞게 부르시기 때문이다. 사탄은 그리스도인들을 각자의 능력이나 기술과는 동떨어진 자리에 교묘하게 배치한다. 그리스도인들을 비효율적이고 비능률적인 자리로 몰아넣는 것이다.

나는 무엇을 할 수 있는가? 이 물음에 답하려면, 자신의 능력을 살피고, 자신의 장점과 약점을 분석하며, 자신의 과거 이력을 냉정하게 평가해야 한다. 우리 사회는 개인의 능력과 이력을 세밀하게 평가할 수 있고, 실제로 그렇게 한다. 우리는 자기 능력이 어느 정도인지 알아야 한다.

해당 기술이 없는데도 그 자리를 지원하는 사람들이 적지 않다. 슬프게도 이런 모습은 교회뿐 아니라 기독교 관련 직종에서도 나타난다. 전임 사역자가 되고 싶어 애를 태우지만, 정작 전임 사역자에게 필요한 능력이나 은사를 갖추지 못한 사람들이 있다. 예를 들어 학문적인 훈련도 받았고 신학교 졸업장도 갖췄지만, 효율적인 목회자에게 필요한 관리 기술이나 사람을 대하는 기술은 없을지 모른다.

성경에서 능력과 관련해 가장 중요한 원칙이라면, 자신을 냉정하게 분석하라는 바울의 권고가 아닐까 싶다롬 12:3 참조.

냉정한 분석을 통해 자신이 무엇을 할 수 있고, 무엇을 하지 못하며, 따라서 무엇을 해야 하는지 진지하게, 정직하게, 분명하게 평가할 수 있다.

젊은이들에게는 또 다른 질문이 있다. 나는 무엇을 할 수 있길 바라는가? 젊은이는 닦아놓은 기술이 거의 없거나 교육을 거의 받지 못했을지 몰라도 자신에게는 교육이나 직업 훈련을 통해 기술과 달란트를 습득할 시간이 충분하다는 사실을 깨닫는다.

이 시점에서는 적성이 중요하다. 적성은 이미 습득한 능력뿐 아니라 잠재력도 포함한다. 기계를 만지는 데는 확실히 소질이 있으나 추상적인 일에는 도무지 소질이 없는 사람이 있다. 이런 사람이라면 철학자를 꿈꾸기보다 항공기 정비기술자를 목표로 공부하는 게 훨씬 낫다.

그러나 무엇을 좋아하는가의 문제는 여전히 중요하다. 이제 인간의 경험에서 동기 유발 영역이라 불리는 이야기로 넘어가보자.

동기화된 능력

대다수 사람들이 한 가지 이상의 능력을 갖고 있는데, 이들의 능력은 '동기화된 능력'과 '동기화되지 않은 능력'으로 구분할 수 있다.

동기화되지 않은 능력이란, 갖고는 있지만 아직 그 능력을 사용할 동기가 없어 겉으로 드러나지 않은 기술이나 힘을 말한다.

사람들 중에는 특정한 일에 뛰어나긴 하지만 그 일을 하면서 특별한 성취감이나 즐거움을 느끼지 못하는 이들이 있다. 이들에게 그 일은 고역이자 고통일 따름이다. 이들은 자신이 하는 일에 능숙하지만 그 일이 싫다.

내가 아는 어느 젊은 자매는 십대 초반에 골프에서 두각을 나타내 주목을 받았다. 자매는 이미 십대 시절에 전국대회를 재패했다. 그러나 자기 또래 소녀들이 프로선수로 전향할 무렵, 자매는 다른 직업을 선택했다. 프로 골퍼가 되기보다는 영적인 일을 해야겠다는 더 높은 소명을 느껴서가 아니라 골프가 아주 싫어서였다. 자매가 골프를 싫어한 이유는 아버지가 어린 딸을 뛰어난 골프 선수로 키우려고 딸을 혹독하게 압박했기 때문이다. 자매는 나이가 들어 부모에게서 독립하게 되자 다른 일을 하기로 결정했다. 자매는 프로 골퍼가 될 능력은 있었으나 그 일을 계속 하고 싶은 동기 부여가 없었다.

이렇게 물을지 모르겠다. "자매가 골프를 잘 쳐야겠다는 동기 부여를 받지 않았다면, 어떻게 애초에 그렇게 두각을 나타낼 수 있었나요?"

자매가 두각을 나타내야겠다는 동기를 부여받긴 했다. 하지만 그 동기는 무엇보다 아버지의 노여움에 대한 두려움 때문이었다. 자매는 기술을 습득하려고 혹독하게 훈련했으나 순전히 아버지를 기쁘게 하기 위해서였고, 스스로 결정할 수 있었다면 절대로 그렇게 하지 않았을 것이다. 그래서 자매는 자신을 몰아세우는 아버지의 권위에서 벗어나게 되자 금세 다른 직업을 선택했다. 이야기의 핵심은 분명하다. 동기화되지 않은 능력에 자신의 모든 시간과 정열을 쏟아붓는 사람은 불만이 부글부글 끓는 압력솥과 같다.

그리스도인들은 늘 자신이 원하는 일만 하는 사치를 부려서는 안 된다. 하나님께서는 우리더러 자신을 희생하고 그리스도의 낮아지심에 동참하라 하신다. 확신하는데 우리는 전쟁터에서 살고 있으며, 지금껏 그리스도인으로서 내내 전투를 치렀다. 우리는 하나님 나라에 대한 엄숙한 책임을 절대 소홀히 해서는 안 된다. 우리는 종이 되라는 부르심을 받았기에 순종하라는 부르심도 받았다. 그래서 때로는 자신이 그다지 좋아하지 않은 일이라도 해야 한다. 그리고 매순간 최우선으로 고려해야 할 것이 있다. 동기 유발이 우리의 소명과 일치하게 하고, 우리의 소명이 우리의 동기 유발과 일치하게 해야 한다.

이래도 그만이고 저래도 그만이라면 예수님은 십자가를 지고 싶지 않으셨다. 예수님은 겟세마네 동산에서 자신의 고뇌를 표현하셨다. 그러나 그와 동시에 예수님에게는 아버지의 뜻을 행하겠다는 강한 욕구와 동기가 있었다. 아버지의 뜻을 행하는 일이 예수님의 "양식이요 음료"요 6:55 참조였고, 그분은 자신의 열정을 여기에 집중시켰다. 자기 목숨을 버리는 것이 아버지의 뜻이라고 굳게 확신했을 때, 예수님은 자기 목숨을 버리는 쪽으로 동기 부여를 받으셨다.

섬김과 순종의 개념을 인간의 전투에까지 확대 적용해보자. 한 나라가 위기에 처하고, 나라를 지키려고 젊은이들을 소집한다. 젊은이들은 안전하고 편안한 가정과 직장을 뒤로한 채 입대함으로써 자신을 희생한다. 그리스도인들도 똑같은 부름을 받지 않았는가? 그러나 지상의 군대 내에는 수많은 보직이 있고, 개중에는 우리에게 맞는 보직도 있고 맞지 않는 보직도 있게 마련이다. 군대의 어떤 일은 우리의 동기화된 기술 및 행동 양식과 잘 맞아떨어지는 반면에, 어떤 일은 전혀 그렇지 못하다. 희생적인 섬김의 영역에서도 동기를 살피는 일은 우리의 직업을 결정하는 데 아주 중요한 요소다.

철저한 개인주의자들은 권위 체계를 갖춘 조직에 들어가 일할 필요를 전혀 느끼지 못하기에 자영업을 하게 될 것이다. 그러나 대부분의 사람들은 조직의 일원으로 일한다. 여기서 우리는 '적합성'이라는 문제에 부딪힌다. 우리의 직업은 자신의 은사와 달란트와 포부에 딱 들어맞는가? 우리의 동기화된 능력은 우리의 직업에 딱 들어맞는가? 우리의 기여도와 개인적인 만족도는 지금 하는 일이 요구하는 자격

요건과 우리의 동기화된 능력이 얼마나 딱 들어맞느냐에 따라 결정된다.

개인적인 동기 유발과 자신의 직업이 요구하는 조건이 들어맞지 않을 때, 많은 사람들이 고통을 겪는다. 첫째는 본인이 고통스럽다. 자신에게 맞지 않는 일을 하기 때문에 효율성과 생산성이 떨어진다. 뿐만 아니라 불만을 표출하고 조직에 부정적 영향을 미치기 때문에 조직 내부의 다른 사람들에게까지 좋지 않은 영향을 준다.

물론 동기 유발이 되지 않은 일도 즐거운 일을 하듯이 잘해낼 만큼 '성화된' 사람들도 있다. 그러나 직장에서 성화된 사람들은 극소수에 지나지 않는다. 거듭된 조사를 통해 드러나듯이 사람들은 그 일이 요구하는 자격 요건과 상관없이 자신이 동기 부여를 받은 일을 하는 경향이 강하다. 저마다 그 직업이 요구하는 일보다는 자신이 하고 싶은 일에 시간과 노력을 투자한다. 사람들이 이런 식으로 시간과 에너지를 쏟으면, 회사나 조직은 그야말로 적잖은 손해를 입는다.

동기화된 능력 패턴과 직무 내용의 관계를 다음 도표에 정리했다. 이 도표는 코네티컷에 있는 피플 매니지먼트사 People

Management에서 빌려왔다. 피플 매니지먼트사는 사람들이 자신의 동기화된 능력 패턴을 찾아내도록 도와주고, 조직이 사람들의 재능과 동기를 조직의 필요 및 목적과 조화를 이루게 하도록 돕는다. 이러한 종류의 지침은 세상 사업뿐 아니라 교회 및 기독교 단체에도 유익하다.

비효율적 조직

직무 내용		미활용 능력
미수행 과제		동기화된 능력

세로축 왼쪽: 조직의 불만
세로축 오른쪽: 개인의 불만
가로축: 직무 적합성

 이 도표에서 왼쪽 상단의 실선 사각형은 직원이 수행해야 하는 직무 내용이며, 조직이 최상으로 돌아가는 데 필요한 일들을 포함한다. 오른쪽 하단의 실선 사각형은 직원이 갖춘 동기화된 능력이다. 가운데 회색 부분은 직무(직업) 적합성이다. 이 부분이 균형이 안 맞는다. 직원이 갖춘 동기화된 능력 가운데 많은 부분이 전혀 쓰이지 못하고 있다. 이렇게 되면 직원은 불만을 느낀다.

또한 조직이 필요로 하는 직무 가운데 많은 부분이 수행되지 않거나 어설프게 수행된다. 그 결과 조직이 불만을 느낀다. 이러한 패턴은 직원과 조직 양쪽 모두에게 문제를 일으킨다.

아래 도표는 직무 내용과 동기화된 능력이 이상적으로 조화를 이루는 형태이다. 결과적으로 직원과 조직 양쪽 다 성취감을 느낀다.

효율적 조직

직무 내용
동기화된 능력

세상을 부정하는 마니교Manichaeism의 영향으로, 초기 그리스도인들은 하나님을 섬기려면 바늘방석에 앉아 사는 길밖에 없다고 생각했다. 섬김의 길에 들어서려면 자신을 부정해야 한다고 생각했고, 진정한 덕은 최대한 비참한 직장생

활에서 찾을 수 있다고 생각했다. 그러나 만약 하나님께서 우리에게 더없이 비참한 일에 헌신하라고 요구하신다면 하나님은 우주 최고의 악덕 경영자일 것이다.

성경은 하나님의 경영 방식을 다르게 묘사한다. 하나님은 우리의 능력과 욕구에 맞게 우리를 하나의 몸으로 세우시고, 이런 방법으로 경영하신다. 하나님께서는 자신의 백성 하나하나에게 은사를 주신다. 모든 그리스도인은 하나님의 소명을 감당하는 데 필요한 은사를 받았다. 하나님께서는 은사를 주실 뿐 아니라, 우리가 그 은사를 활용하게끔 욕구를 일으키시거나 동기를 부여하신다.

나는 무엇을 해야 하는가?

이제 마지막이자 가장 중요한 질문을 살펴볼 차례다. '그럼 나는 무엇을 해야 할까?'

당신에게 가장 실제적인 조언을 하겠다. 당신의 동기화된 능력을 가지고 수준 높은 동기에서 할 수 있다고 말할 수 있는 일을 하라. 당신이 하고 싶은 일을 통해 하나님을 섬길 수 있다면, 어떻게든 그 일을 해야 한다.

여기에 한 가지 제약이 따른다. 하나님의 교훈적인 뜻이다. 만약 어떤 여자가 매춘에 능하고 매춘을 하려는 의욕도 강하다면, 어떤 남자가 자기 능력을 발휘해 세계 최고의 은행 강도가 되려 한다면, 이들은 목표를 반드시 수정해야 한다. 이런 목표를 이루려는 생각은 하나님의 교훈적인 뜻과 정면으로 충돌한다.

은행 강도의 동기화된 능력과 매춘부의 동기화된 능력의 근본 원인을 세밀하게 분석해보면, 경건한 일에 유익하게, 생산적으로 투입될 수 있는 근본적인 능력과 동기를 찾을 수 있다. 우리는 자신의 동기화된 능력을 하나님의 율법에 맞춰야 할 뿐 아니라 우리가 선택하는 직업이 하나님의 복을 누리게 해야 한다.

예를 들어 의술에 삶을 온전히 바치는 것은 전혀 잘못된 일이 아니다. 의술은 고통을 덜어준다는 면에서 유익하기 때문이다. 또한 세상에는 먹을 빵도 필요하다. 따라서 빵을 구울 마음이 있고 그럴 능력이 있는 사람에게 제빵사는 경건한 직업이다. 예수님 자신도 설교하고 가르치면서 오랜 세월을 보내신 게 아니라 목수로서 적법한 직종에 종사하는 기술자로서 오랜 세월을 보내셨다. 이 기간에 예수님은 "하나님의 뜻 가운데"골 4:12 참조 계셨다.

하나님이 지으신 세상의 필요를 채워준다면 어느 직업이든 하나님의 소명으로 여겨도 좋다. 내가 이 점을 강조하는 까닭은 기독교 내에서 '전임 사역자들'만 하나님의 부르심에 민감하다고 생각하는 경향이 있기 때문이다. 마치 설교하기와 가르치기만 하나님께서 우리에게 요구하시는 합당한 일이라는 듯이 말이다.

성경을 대강 읽어보더라도 이러한 생각이 틀렸다는 걸 금세 알 수 있다. 구약 시대에 성전은 솔로몬의 지혜로운 감독만으로 된 것이 아니다. 깎아내고 다듬고 하는 일에 하나님의 은사를 받은 사람들의 숙련된 기술이 있었기에 가능했다.

다윗은 목동이었고, 아브라함은 큰 상인이었으며, 바울은 천막장이였다. 세 직업 모두 세상을 구원하려는 하나님의 계획의 한 부분이었다. 하나님께서는 아담과 하와를 지으실 때 교회를 섬기는 전문 전임 사역자가 되라고 요구하지 않으셨다. 이들은 기본적으로 농부의 소명을 받았다.

직업이란 하나님께 받은 것이다. 하나님은 우리를 부르시는 분이다. 물론 모세를 부르실 때처럼 떨기나무 불꽃 가운데 나타나셔서 구체적인 행진 명령을 내리시듯 우리를 부르지는 않으신다. 대신 내적으로 우리를 부르시고, 우리에게 은사와 달란트와 열망을 주신다. 하나님의 보이지 않는 주권적인 뜻이 배후에서 역사하면서 그분의 포도원에 쓸 만한 일꾼으로 우리를 준비해가신다.

사람들에게서 오는 외적인 부름

하나님의 내적 부르심 외에 일과 관련된 외적인 부름(요청)도 있다. 외적인 부름이란 자신의 특별한 사명이나 목적에 우리의 섬김이 필요한 사람들의 부름(요청)을 말한다. 교회가 우리를 목사로 부르기도 하고, 회사가 우리를 임원이나 사장일을 맡아 달라 부르기도 한다. 조직이나 기관은 신문에 구인광고를 낼 때마다 자신들의 필요를 채워줄 재능과 달란트를 가진 유능한 일꾼을 부른다.

어떤 그리스도인들은 필요가 있는 곳에 부르심이 있다고

주장한다. 이들은 세상에는 전도자들이 필요하며, 따라서 모든 사람이 전도자가 되어야 한다고 말한다. 나도 우리가 직업을 결정할 때 하나님 나라의 필요를 고려해야 한다는 점에는 나도 동의한다. 그러나 세상에 전도자가 필요하다는 사실이 세상 모든 사람이 전도자로 부르심을 받았다는 뜻은 아니다. 신약성경에도 보면 모든 사람이 목사나 관리자로 부름을 받지는 않았다고 분명하게 말한다. 교회는 은사와 달란트와 직업이 다양한 사람들로 구성된다. 필요가 있는 곳이면 으레 부르심이 있다고 단순하게 소극적으로 생각해서는 안 된다.

필요가 있으면, 하나님의 백성이 그 필요를 채우려 노력해야 하는 것은 분명하다. 그러나 필요가 있다고 해서 자격을 갖추지 못한 사람들까지 그 필요를 채우려고 뛰어 들어야 한다는 뜻은 아니다. 예를 들면 모든 그리스도인은 복음 전파를 도울 책임이 있다. 그러나 모든 그리스도인이 전도자가 될 책임은 없다.

나는 전도자가 아니다. 하지만 전도자들에게 신학을 가르치고, 교회의 복음 전파를 위해 헌금을 함으로써 복음 전파에 기여한다. 내가 이런 일들을 함으로써 은사와 동기를 가진 사람들이 부르심에 답해 훈련을 받고 세상에 전도자로 파송 받는다. 그렇게 해서 복음을 전파해야 하는 교회의 책임에 참여한다. 그러나 나 자신이 활동적인 전도자로서 복음을 전하지는 않는다. 다른 여러 직업도 마찬가지인 것이다.

다른 사람들이 우리가 직업을 선택하는 데 어떻게 영향을 미치는가? 우리는 신자들과 친구들에게 귀를 기울여야 한다. 이따금 주변 사람들이 자신의 은사와 능력을 더 분명하게 보기도 하기 때문이다. 그만큼 직업을 결정할 때 많은 사람들의 조언과 그룹의 평가를 고려하는 것이 매우 중요하다. 물론 그룹의 판단이라고 해서 항상 옳지는 않으므로 주의를 기울여야 한다.

언젠가 여섯 달 정도 일을 쉰 적이 있다. 그 기간에 미국의 다섯 개 도시에서 다섯 가지 일자리를 제의받았다. 다섯 친구가 각각 나를 찾아와 너무나 진지하고, 너무나 간절하게 하나님께서 내가 제의를 받아들이길 원하시고 있음을 확신한다고 말했다. 다섯 친구 모두 하나님의 뜻을 아는 직통라인이 있다면, 하나님께서는 내가 미국에서 동시에 다섯 개

직장을 갖고 다섯 개 도시에서 살기를 원하신다는 뜻이었다. 나는 동시에 다섯 개 직업을 가질 수는 없다. 그러니 누군가는 내 삶을 향한 하나님의 뜻을 잘못 판단한 것이다.

하나님께서 내가 무엇을 하며 살길 원하시는지 안다고 확신하는 사람들의 압력에 맞서기란 결코 쉽지 않다. 우리는 누구나 이런 압력을 받곤 한다. 그러기에 우리가 신뢰하는 사람들의 판단에 세심한 주의를 기울여야 한다. 건전한 판단과 타인에 대한 어쭙잖은 관심을 구분해낼 수 있어야 한다.

나는 여섯 번째 들어온 일자리 제의를 수락했다. 물론 하나님께 전보를 받았다며 오밤중에 찾아와 그 제의를 선택하라고 말한 사람은 없었다. 단지 그 일자리가 요구하는 일이 나의 능력과 잘 맞는다고 확신했기 때문이었다.

예측 가능한 결과를 고려하라

마지막으로 직업을 선택할 때는 예측 가능한 결과를 고려해야 한다. 이 부분은 자주 등한시되지만 더없이 중요하다. 단지 돈 때문에 혹은 지리적인 이유로 직장을 선택한다면 그야말로 비참한 실수다. 이래도 그만이고 저래도 그만이라면 나는 1년 내내 따뜻한 곳에 살면서 연봉을 10억 원쯤 받는 신학교수로 지내고 싶다. 지금 나는 신학교수이고 플로리다에 살지만, 연봉은 10억 원에 턱없이 못 미친다. 나는 어디쯤에선가 우선순위를 정해야 했다. 연봉 10억 원을 원하는가 아니면 하나님의 부르심에 집중하길 원하는가? 그리고 거주지 우선이 아니라 내 직장에 맞춰 머물 곳을 정했다.

직업 선택은 단기적인 결과뿐 아니라 장기적으로도 결과를 낳는다. 아브라함과 조카 롯의 경우를 생각해보라. 이들은 팔레스타인에 함께 살았지만 일꾼들 사이에 다툼이 생겨 땅을 나눠 따로 거주해야 했다. 아브라함이 롯에게 먼저 선택하라고 했고, 롯이 어느 쪽을 선택하든 자신은 나머지 절반을 갖겠다 했다. 롯은 요단강 건너편 황무지를 바라보더니 이내 성읍에 인접한 비옥한 골짜기로 눈을 돌렸다. 롯은 잠시 생각에 잠겼다. '저 비옥한 골짜기를 선택하면 나의 소떼가 거기서 풀을 뜯고 통통하게 살이 찌겠지? 골짜기는 성 안의 시장과도 가깝잖아. 그러니까 그쪽이 내게 훨씬 이익일 거야!'

롯은 자신의 생업을 생각해 성읍 주변의 비옥한 땅을 선택했고, 아브라함에게 황무지를 넘겼다. 롯의 선택은 목축업자의 시각에서 보면 탁월했다. 가축을 키우기에는 더없이 좋은 곳이었기에 단기적인 결과는 멋졌다. 그러나 롯이 선택한 성읍은 소돔이었고, 오랜 소돔 생활은 많은 면에서 재앙으로 드러났다.

우리의 직업 선택이 우리가 다른 책임을 수행하는 데 어떻게 영향을 미치는가? 순전히 돈이나 지역이나 직급을 기준으로 직장을 선택한다면, 나중에 실망하고 좌절할 게 불 보듯 뻔하다.

자신에게 물어보라. "나의 가족이나 주변 사람들을 고려하지 않아도 된다면 무슨 일을 가장 하고 싶은가?"

스스로에게 이 간단한 질문을 해보기만 해도 직업 때문에 자주 겪는 혼란이 적잖이 사라질 것이다. 이렇게 물어도 좋다. "10년 후 내가 무슨 일을 하고 있길 바라는가?"

위 두 질문은 특정 직업을 선택한 후라도 마음에 새길 만하다. 그뿐 아니라 성령을 보내 우리를 모든 진리로 인도하시겠다는 하나님의 약속도 기억해야 한다. 우리는 하나님의 자녀이기에 이 약속은 우리의 직업에도 해당된다.

하나님의 작정적인 뜻이 우리가 직업을 선택할 때도 분명하게 나타나지 않을 수도 있다. 그렇다 해도 하나님의 교훈적인 뜻은 분별하기가 한결 수월하다. 그러므로 우리는 어디에 있든, 무슨 일을 하든, 하나님의 교훈적인 뜻에 반드시 순종해야 한다.

마지막으로 하나님께서는 우리의 일터에서 우리에게 무엇을 기대하시는가? 그리스도인으로서 우리는 썩어가는 세상에서 영적 소금으로 살고, 어둠을 비추는 영적 빛으로 살라는 소명을 받았다. 우리는 하나님께서 주신 은사와 달란트를 잘 관리하는 지혜로운 청지기로 살아야 한다. 더없이 정직하고 인내하며 부지런하고 헌신된 일꾼으로 살아야 한다.

자기 분야에서 탁월한 능력을 발휘하지 못하고 있다면, 그것이 무엇이라 해도 그대로 안주해서는 안 된다. 하나님께서 각자를 향한 그분의 고귀한 부르심에 합당하게 살도록 우리를 도우신다.

Can I Know God's Will?

Chapter 4 나의 결혼에 대한 하나님의 뜻

결혼을 해야 할까? 아니면 독신으로 지내야 할까? 그리스도인이라면 결혼 문제에 많은 에너지를 쏟아도 괜찮다. 결혼과 관련된 결정들이 우리 삶에 더없이 큰 영향을 미치기 때문이다. 자신의 결혼 상태를 어떻게 느끼느냐에 따라 그 사람의 성취감과 생산성, 자아상이 사뭇 달라진다.

배우자는 나를 가장 친밀하게 아는 사람이고, 나를 한없이 작아지게 할 수도, 나의 삶을 힘 있게 빛게 할 수도 있는 나의 삶에 강한 영향을 미치는 사람이다. 이런 사실을 깨달아야 부부 관계가 아주 실제적이고 진지해진다. 이런 까닭에 그 누구도 결혼을 절대로 가볍게 여겨서는 안 된다.

'내가 결혼하는 것이 하나님의 뜻인가?'라는 일반적인 물음을 다루기에 앞서 먼저 다뤄야 할 몇 가지 구체적인 질문이 있다.

결혼을 꼭 해야 할까?

비교적 최근까지만 해도 사회가 이 질문의 답을 결정할 때가 많았다. 지금도 대부분의 사람들은 결혼은 자연스러운 일이고 정상적인 삶의 중요한 부분이라고 배우며 자란다. 동화 속 백설 공주와 백마 탄 왕자, 셰익스피어의 로맨틱한 희곡들, 대중매체에 등장하는 남녀 주인공들을 보며 우리도 당연히 결혼해야 한다는 생각에 사로잡힌다. 이러한 문화적 기대를 충족시키지 못하는 사람들은 자신이 어딘가 모자라거나 비정상일지도 모른다는 불편한 느낌에 시달린다.

이전에는 남자가 서른이 넘어도 결혼을 안 하면 동성애 성향이 있지 않은가라는 의심을 받았다. 또 여자가 서른이 넘어도 결혼을 안 하면 대놓고 말은 안 해도 어딘가 흠이 있는

게 분명하다고 수군거리기 일쑤였다.

그러나 성경적 시각에서 보면 독신생활은 어떤 경우 매우 적절한 선택으로 그려진다. 예수님은 신성한 혼인을 축복하셨다. 그렇지만 예수님은 독신으로 지내셨고, 아마도 하나님의 뜻에 순종하신 게 분명하다. 예수님께서 독신으로 지내신 이유는 훌륭한 남편에게 필요한 자질이 부족해서가 아니었다. 예수님께서는 하나님의 목적을 이루려고 혼인을 하지 않으셨고, 장차 열릴 자신의 혼인 예식을 위해 자신의 신부, 곧 교회를 준비시키는 데 전적으로 헌신하셨다.

독신생활에 관한 가장 중요한 성경적 교훈은 바울을 통해 고린도전서 1장에 길게 주어진다.

> 처녀에 대하여는 내가 주께 받은 계명이 없으되 주의 자비하심을 받아서 충성스러운 자가 된 내가 의견을 말하노니 내 생각에는 이것이 좋으니 곧 임박한 환난으로 말미암아 사람이 그냥 지내는 것이 좋으니라 네가 아내에게 매였느냐 놓이기를 구하지 말며 아내에게서 놓였느냐 아내를 구하지 말라 그러나 장가 가도 죄 짓는 것이 아니요 처녀가 시집 가도 죄 짓

는 것이 아니로되 이런 이들은 육신에 고난이 있으리니 나는 너희를 아끼노라 형제들아 내가 이 말을 하노니 그 때가 단축하여진 고로 이 후부터 아내 있는 자들은 없는 자같이 하며 우는 자들은 울지 않는 자같이 하며 기쁜 자들은 기쁘지 않은 자 같이 하며 매매하는 자들은 없는 자같이 하며 세상 물건을 쓰는 자들은 다 쓰지 못하는 자 같이 하라 이 세상의 외형은 지나감이니라 너희가 염려 없기를 원하노라 장가 가지 않은 자는 주의 일을 염려하여 어찌하여야 주를 기쁘시게 할까 하되 장가 간 자는 세상일을 염려하여 어찌하여야 아내를 기쁘게 할까 하여 마음이 갈라지며 시집 가지 않은 자와 처녀는 주의 일을 염려하여 몸과 영을 다 거룩하게 하려 하되 시집 간 자는 세상 일을 염려하여 어찌하여야 남편을 기쁘게 할까 하느니라 내가 이것을 말함은 너희의 유익을 위함이요 너희에게 올무를 놓으려 함이 아니니 오직 너희로 하여금 이치에 합당하게 하여 흐트러짐이 없이 주를 섬기게 하려 함이라 그러므로 만일 누가 자기의 약혼녀에 대한 행동이 합당하지 못한 줄로 생각할 때에 그 약혼녀의 혼기도 지나고 그같이 할 필요가 있거든 원하는 대로 하라 그것은 죄 짓는 것이 아니니 그들로 결혼하게 하라 그러나 그가 마음을 정하고 또 부득이

한 일도 없고 자기 뜻대로 할 권리가 있어서 그 약혼녀를 그대로 두기로 하여도 잘하는 것이니라 그러므로 결혼하는 자도 잘하거니와 결혼하지 아니하는 자는 더 잘하는 것이니라 아내는 그 남편이 살아 있는 동안에 매여 있다가 남편이 죽으면 자유로워 자기 뜻대로 시집 갈 것이나 주 안에서만 할 것이니라 그러나 내 뜻에는 그냥 지내는 것이 더욱 복이 있으리로다 나도 또한 하나님의 영을 받은 줄로 생각하노라 고전 7:25-40.

결혼 문제에 관한 바울의 가르침을 지금껏 참 많이도 왜곡해 온 것이 사실이다. 어떤 사람들은 바울이 이 본문에서 독신은 좋고 결혼은 나쁘다고 말한다고 결론 내린다. 특히 그리스도의 초림과 재림 사이에 섬김의 자리로 부르심을 받은 그리스도인들에게 그렇다고 말한다.

그러나 본문을 대충만 훑어보아도 알듯이 바울은 한쪽은 좋고 다른 쪽은 나쁘다며 둘을 대립시키는 게 아니라 양쪽 다 똑같이 좋다고 말한다. 다만 바울은 그리스도인이 결혼을 생각할 때 맞닥뜨리는 함정을 짚어 준다. 그리스도인으로서 결혼과 관련해 가장 깊이 고려해야 할 부분은 하나님 나라이다.

독신의 문제가 가장 큰 논란을 일으킨 곳은 바로 로마가톨릭교회였다. 역사적으로 개신교인들은 로마가톨릭교회가 성경을 넘어선 명령을 사제에게 부가함으로써 율법주의에 빠졌다고 비난했다. 개신교인들은 성경이 사제의 결혼을 허용한다고 믿는다. 그렇지만 성경은 그와 동시에 결혼하고 특별한 직업으로 하나님을 섬기는 사람들이 가족과 교회로 마음이 분산되는 난제에 직면한다고 말한다. 불행히도 개신교인들과 가톨릭교인들이 독신의 의무를 놓고 벌이는 논쟁이 지나치게 뜨거워져 개신교인들이 반대쪽 극단으로 치달아 독신은 절대 불가하다고 여길 때가 적지 않았다.

자, 이제 바울이 말하는 핵심으로 돌아가자. 바울은 똑같이 좋은 둘을 구분한다. 그러면서 개개인이 자신에게 가장 알맞은 옷을 선택하라고 바울은 권한다.

바울은 결혼이라는 고결한 유산을 절대로 폄하하지 않으며, 오히려 창조 때 주신 말씀, 혼인에 대한 하나님의 축복을 확인한다. 결혼은 죄가 아니다. 그리스도인들에게 결혼은 합법적이고 고결하며 존귀한 선택이다.

혼인서약은 서류 쪽지일 뿐인가?

'결혼을 꼭 해야 하는가?'라는 물음의 또 다른 면은 독신 문제를 넘어 한 쌍의 남녀가 공식적인 혼인서약을 해야 하는가, 아니면 이 과정을 생략하고 동거해도 그만인가라는 문제로 옮겨간다.

지난 몇 십 년 사이 서구문화에서는 동거 풍조가 널리 퍼졌다. 그리스도인들은 결혼에 관한 동시대의 사회적 기준 위에 우리를 끼워맞추지 않도록 조심해야 한다. 그리스도인의 양심은 사회가 허용하는 일이나 세상 법으로 볼 때 합법적인 일에 지배되어서는 안 된다. 오직 하나님께서 인정하시는 일에 지배되어야 한다.

불행히도 어떤 그리스도인들은 결혼의 법적이고 공식적인 측면을 거부하고, 결혼은 사적인 문제이며 두 사람의 개인적인 약속이므로 법적이거나 공식적인 조건이 필요 없다고 주장한다. 결혼을 외적인 의식과는 무관한 개인의 결정이라고 보는 것이다. 그러면서 목사들을 향해 묻는다. "왜 우리가 굳이 서류에 서명해 법적으로 부부가 돼야 하나요?"

이런 질문을 받을 때마다 그리스도 안에서의 자유가 무엇인가 생각하게 된다.

혼인서약서(또는 혼인신고서)에 서명하는 행위는 단지 문서에 이름을 써넣는 무의미한 행위가 아니다. 혼인서약서에 서명하는 일은 성경이 말하는 언약의 핵심이다. 언약은 증인들 앞에서 공동체가 진지하게 여기는 공식적인 법적 약속과 더불어 공식적으로 체결된다. 이렇게 해서 두 사람 모두 보호를 받는다. 어느 한쪽이 상대방을 해치는 행위를 할 때 이를 해결할 법적 장치가 마련된다.

혼인서약서에 서명하는 까닭은 타락한 인간의 본성에 깃든 죄 때문이다. 우리는 서로에게 얼마든지 상처를 입힐 가능성이 있다. 그래서 법적 계약을 통한 규제가 필요하다. 계약은 죄를 억제할뿐더러 법적, 도덕적 위반이 일어날 때 무고한 쪽을 보호한다.

내가 누군가에 헌신할 때마다 내 일부분이 취약해지고 상대방의 반응에 노출된다는 말은 일리가 있다. 인간사회의 제도 가운데 결혼만큼 한 사람을 상처받기 쉬운 처지로 내모는 것도 없다.

하나님께서는 사람들을 보호하려고 결혼을 규제하는 규범

을 제정하셨다. 하나님의 법은 자신의 타락한 피조물을 향한 하나님의 사랑과 관심과 연민에서 비롯되었다. 하나님께서는 혼외 성관계를 금하신다. 하나님이 흥을 깨거나 내숭을 떠는 분이라는 뜻이 아니다. 섹스는 하나님이 친히 창조해 인간에게 주신 즐거움이다. 하나님은 지혜가 무한하시기에 인간이 이처럼 친밀한 행위를 할 때만큼 상처 입기 쉬운 때가 없음을 아신다. 그래서 하나님께서는 이 특별하고 친밀한 행위를 특정한 보호막으로 가리신다.

하나님은 남자와 여자 양쪽 모두가 서로에게 평생을 약속한 다음에 서로를 내어주는 게 안전하다고 말씀하신다. 공식 문서로써 가족과 친구, 교회와 국가의 권위자들을 비롯한 증인들 앞에서 선포된 약속은 자동차 뒷좌석에서 가볍게 속삭이는 공허한 약속과는 하늘과 땅만큼이나 다르다.

나는 결혼을 정말 하고 싶은가?

바울은 고린도전서 7장 8-9절에서 이렇게 말한다. "내가 결혼하지 아니한 자들과 과부들에게 이르노니 나와 같이 그냥 지내는 것이 좋으니라 만일 절제할 수 없거든 결혼하라 정욕이 불 같이 타는 것보다 결혼하는 것이 나으니라."

바울은 좋음과 더 좋음을 구분한다. 여기서 바울은 불이라는 표현을 하는데, 이것은 지옥의 벌하는 불길이 아니라 하나님께서 우리에게 주신 생물학적 본성의 열정이다. 바울은 어떤 사람들은 독신으로 살도록 지음 받지 않았다고 아주 솔직하게 말한다. 결혼은 성욕을 해소함으로써 성적 유혹과 욕정에서 해방되려는 생각을 가진 사람들에게라도 더없이 존귀하고 적법한 선택이다.

"나는 결혼을 정말 하고 싶은가?"

빤한 것 하지만 매우 중요한 질문이다. 성경은 결혼을 금하지 않는다. 실제로 성경은 특별한 경우를 제외하고 결혼을 장려한다. 특별한 경우란 결혼이 자신의 직업과 갈등을 일으킬지 모르는 경우를 말한다. 그러나 이런 경우에도 결혼이 허용될 여지는 있다. 그러므로 결혼하고 싶은 욕구는 매우 선하다. 그러므로 우리는 가장 먼저 자신의 욕구와 양심을 살펴야 한다.

내게 결혼하려는 욕구가 강하다면 결혼을 위해 노력을 해야 한다. 직장을 원한다면 부지런히 기회를 엿보며 취업을 모색해야 한다. 대학 진학을 결정했다면 원서를 내고 여러 대학을 비교 평가하는 절차를 밟아야 한다. 결혼도 다르지 않다. 하늘에서 비책이 뚝 떨어져 내 인생의 동반자에 관한 하나님의 완벽한 뜻을 알려주는 일은 절대로 일어나지 않는다.

불행히도 이 부분에서 많은 그리스도인들이 우리 사회의 동화 신드롬에 굴복했다. 이것은 특히 젊은 독신 여성에게 많이 일어난다. 많은 젊은 여성들이 하나님께서 자신이 결혼하길 원하신다면, 하늘에서 낙하산으로 신랑감을 떨어뜨려 주시거나 백마 탄 왕자를 보내주실 거라고 생각한다.

독신 여성들이 맞닥뜨리는 고통스러운 문제 가운데 하나는 남자들에겐 배우자를 적극적으로 찾아 나설 자유를 주면서도 정작 여자들이 장래의 남편을 적극적으로 찾아 나서면 헤픈 여자라고 여기는 사회의 불문율에서 비롯된다. 그러나 어느 성경 규범도 결혼을 간절히 원하는 여자는 수동적이어야 한다고 말하지 않는다. 무엇도 여자들이 적절한 짝을 적극적으로 찾는 것을 금하지 않는다.

나는 독신 여성을 상담하면서 이런 경우를 숱하게 보았다.

독신 여성들은 처음에는 다들 이렇게 말한다. 자신은 결혼할 마음이 전혀 없으며, 하나님이 독신의 은사를 주셨으니 독신으로 살고 싶다고 말한다. 그러나 몇 차례 질문과 대답이 오가고 나면, 대개 이야기는 뻔하게 전개된다. 젊은 여성은 훌쩍이면서 속내를 드러낸다. "하지만 저는 정말로 결혼하고 싶어요."

내가 신랑감을 찾을 수 있는 지혜로운 방법을 제시하면 그녀는 깜짝 놀라며 눈에서 불꽃이 튄다. 마치 내가 그녀의 족쇄를 풀어주기라도 한 것처럼 말이다.

지혜롭게 배우자를 찾으려면 분별력과 결단력이 필요하다. 인생의 동반자를 구하는 사람들이 해야 하는 일이 있다. 이를테면 미혼남이나 미혼녀가 모이는 곳에 가야 한다. 미혼의 그리스도인 남성과 여성이 친밀한 대화를 나눌 수 있는 활동에 적극 참여해야 한다.

구약성경에서 야곱은 적합한 신붓감을 찾으려고 고된 여정을 마다 않고 고향을 찾아갔다. 야곱은 하나님이 인생의 동반자를 보내주실 때까지 그저 기다리고만 있지 않았다. 비단 야곱이 남자였다고 해서 남자만 꼭 그래야 한다고 생각해서는 곤란하다. 여자들에게도 부지런히 배우자를 찾을 동등한 자유가 있다.

나는 결혼 상대자에게서 무엇을 원하는가?

기독교 공동체 내에서 결혼은 '무아無我적 사랑selfless love'의 원리에 헌신한 두 사람의 연합이라는 신화가 생겼다. 그러면서 무아의 사랑이 성공적인 결혼생활에 필수라고 본다. 결혼생활이 삐걱대고 결국 파탄에 이르는 근본 원인이 자기중심적 태도일 때가 많다 보니 이런 신화가 힘을 얻는다. 성경적 사랑은 부부관계를 비롯한 인간관계에서 자기중심적 행동을 해서는 안 된다고 말한다. 그러나 자기중심적 태도를 해결하는 방법을 무아에서 찾아서도 안 된다.

무아 개념은 우주와 하나 됨으로써 자기 정체성을 버리는 것을 인간의 이상적 목표로 여기는 아시아 사상과 그리스 사상에서 비롯되었다. 이러한 사상은 개인의 특성을 모두 버리고 대양의 물 한 방울이 되는 것을 인간의 목표로 삼는다. 이러한 몰아沒我는 개인이 위대한 영과 하나 되어 영적으로 온 우주로 퍼져나간다는 개념도 내포한다.

그러나 성경적 시각에서 볼 때, 개인의 목표는 자아 소멸이나 자아 해체가 아니라 자아 구속이다. 결혼에서 무아를 구한다면 완전히 헛수고다. 좋은 결혼생활은 자아가 매우 적극적으로 참여해야 한다. 적극적으로 참여하는 두 자아가 나눔과 이해를 바탕으로 서로에게 헌신해야 한다.

무아적 결혼을 생각한다면, 이것은 배우자를 구할 때 나 자신을 기꺼이 내던질 사람을 찾아야 한다는 뜻이다. 이것은 배우자를 구할 때 하는 행동과는 정반대다. 배우자를 구할 때는 자신의 삶을 부요하게 해주고, 자신의 자아실현을 도와주며, 그와 동시에 둘의 관계를 통해 그 자신도 부요하게 될 사람을 찾아야 한다.

배우자를 구할 때 어디에 우선순위를 두어야 할까? 상상력에서 출발한 작은 실험이 많은 커플에게 도움이 되었다. 배우자를 구하는 일이 자동차 구매와는 다르지만 새 자동차 구매에 빗대어 생각해볼 수 있다. 새 자동차를 구매할 때 여러 모델을 비교한다. 모델만 다양한 게 아니다. 모델마다 기본 모델에 추가할 수 있는 선택사항이 수없이 많다.

이와 비슷하게 모든 조건을 다 갖춘 맞춤형 배우자를 요청할 수 있다고 상상해보라. 이런 실험에 참여한 사람은 완벽한 배우자가 갖추었으면 하는 자질이나 성품을 수백 가지도 넘게 열거할 수 있을 것이다. 일도 잘하고 놀기도 잘 해야 하며, 아이도 잘 키워야 하고, 이런 저런 기술과 신체적 특징도 갖춰야 한다는 등 요구 사항이 끝이 없다. 하지만 그렇게 목록을 다 완성하고 나면 자신이 얼토당토 않는 짓을 했다고 인정하지 않을 수 없다. 그가 바라는 조건을 완벽하게 갖춘 배우자감은 절대로 세상에 없을 테니 말이다.

이러한 실험은 특히 20대 후반이나 30대 초반, 혹은 그보다 나이가 더 들었는데도 결혼을 미루는 사람들에게 유익하다. 이런 사람들은 이따금 작은 흠을 핑계로 누구를 만나든지 퇴짜를 놓기 십상이다. 그러나 맞춤형 배우자 실험을 하고 나면 다음 단계로 넘어갈 수 있다. 이 실험에 참여하는 사람은 요구 조건을 스무 개로 줄이고, 마지막에는 다섯 개로 줄인다. 이렇게 요구 사항을 줄이고 핵심 사항만 남기고 나면 자신이 결혼 상대자에게서 가장 중요시하는 사항을 우선순위에 따라 잘 정리할 수 있다.

개개인이 이성교제에서, 그리고 부부관계에서 무엇을 원하는지 분명히 아는 것이 더없이 중요하다. 그뿐 아니라 자신이 부부관계에서 바라는 것이 건강한지 그렇지 못한지도 알아야 한다.

주변의 조언이 필요할까?

많은 사람들이 배우자를 선택할 때 주변의 조언을 구하라는 말에 언짢아한다. 배우자 선택은 지극히 개인적인 문제라는 이유에서다. 배우자 선택이 아무리 개인적이고 사적인 문제라 하더라도 부부 당사자는 물론이고 후손과 가족과 친구들의 미래에 엄청나게 중요한 문제다. 부부의 결혼생활이 그들에게까지 영향을 미치기 때문이다. 그러므로 믿을 만한 친구들과 목회자들, 특히 부모에게 조언을 구해야 한다.

과거 서양 역사에서 결혼은 집안이나 중매쟁이가 진행했다. 지금 사람들은 중매결혼을 고리타분한 관습처럼 생각한다. 지금 우리 머릿속에는 사랑하는 사람을 선택하는 것은 양도할 수 없는 권리라는 인식이 깊이 박혀 있다.

중매결혼이라는 지나간 풍습을 변호하며 몇 마디 해야겠다. 첫째, 자신이 배우자를 직접 선택하지 않더라도 행복한 결혼생활이 가능하다. 터무니없다 생각할 수도 있다. 그러나 나는 성경의 가르침을 일관되게 적용한다면, 세상 어느 부부라도 행복한 결혼생활을 누리고 부부관계에서 하나님의 뜻을 이룰 수 있다고 확신한다.

둘째, 어떤 경우에 중매결혼은 양쪽을 객관적으로 평가한 다음에 두 사람을 맺어주므로 서로에게 기생하는 유해한 결합을 피할 수 있다. 예를 들어 자신들끼리 두면 모성애의 대상이 되고픈 마음이 간절한 남자와 모성애를 발휘하고픈 마음이 간절한 여자처럼 심각한 약점을 가진 두 사람이 서로 끌릴 수 있다. 하지만 그들은 결국 서로를 무너뜨리고 만다. 이런 부정적 결합은 우리 사회에서 날마다 일어난다.

중매결혼을 선전하려는 의도가 아니라 배우자를 결정하는 과정에서 부모의 조언을 구하는 게 지혜롭다는 사실을 강조하려는 것이다. 많은 부모들이 자녀가 선택한 배우자감을 한번에 받아들이지 않는다. '내 딸, 내 아들은 누구에게 줘도 아까워!' 라는 굳은 확신이 작용하기 때문이다. 이것은 비

현실적인 기대이고 옹졸한 질투심일 뿐이다. 그러나 모든 부모가 사윗감이나 며느릿감에 대해 너나없이 이러한 백해무익한 편견에 사로잡히지는 않는다.

그런가 하면 어떤 부모는 자녀의 특성을 손금 보듯 속속들이 알고, 스스로는 못 보는 자녀의 사각지대를 훤히 들여다본다. 앞서 든 예처럼 한 남자가 모성애를 다시 느끼고픈 나머지 모성애를 발휘하고픈 마음이 간절한 여자에게 끌리는 경우, 분별력 있는 부모가 두 사람이 서로 어울리지 않는다는 것을 느끼고 그 부분에 대해 주의를 줄 수 있다. 그러므로 자신이 선택한 배우자감을 부모가 반대한다면 절망하기보다는 왜 그러시는지 먼저 이유를 들어보는 것이 중요하다.

나는 결혼할 준비가 다 된 걸까?

조언을 구하고, 자신이 무엇을 바라는지 분명히 알았는가? 자신이 결혼에 대해 품은 기대를 충분히 점검했는가? 그렇다면 이제 최종 결정은 자신의 몫이다. 그런데 결정을 내려야 하는 순간이 다가오면 머리가 멍해지는 사람들이 있다. '과연 나는 결혼할 준비가 다 된 걸까?' 이런 생각에 사로잡히기 때문이다.

그러므로 결혼 전에 미리미리 진지하게 공부하고, 평가하며, 유능한 상담자와 대화를 나눔으로써 새롭고 중요한 관계에서 맞닥뜨릴 여러 문제를 미리 생각해봐야 한다. 현대 우리 문화에서는 너무나 많은 부부가 파경을 맞는다. 그렇다 보니 점점 더 많은 젊은이들이 이들처럼 될까 봐 결혼을 주저한다. 걸음을 내딛어야 할 때 신뢰할 만한 조언자의 부드러운 자극이 이따금 필요하다.

결혼을 향해 실제로 발을 내딛기 전에 생각해봐야 하는 일은 무엇일까? 무엇보다 경제적인 부분이 기본적으로 해결되어야 한다. 정서적으로도 압박이 강한데 거기에 경제적 압박까지 더해진다면, 그야말로 낙타 등을 부러뜨리는 마지막 지푸라기 한 오라기를 얹는 셈이다. 이런 까닭에 부모는 자녀에게 학업을 마칠 때까지, 직장을 얻어 가족을 부양할 능력을 갖출 때까지 기다리라는 조언을 자주 한다.

하나님께서 창조 때 혼인을 제정하시면서 남자에게 부모를 떠나 아내와 "합하여 둘이 한 몸을 이룰지로다" 창 2:24라고 명하신 것은 우연이 아니다. '떠남과 합함'은 새 가정을 세울 능력을 전제로 한다. 따라서 경제적 현실이 결혼할 준비가 되었는지 판가름하는 경우가 많다.

결혼이란 단지 새로운 경제적 책임을 떠안는다는 의미에 그치지 않는다. 결혼은 두 사람이 서로에게 하는 진지한 약속이다. 어떤 환경이 닥치든 간에 특별히 한 사람에게 평생을 헌신할 준비가 되었다면, 결혼할 준비가 된 것이다.

결혼을 향한 하나님의 뜻을 이해하려면 하나님의 교훈적인 뜻에 주목해야 한다. 신약성경은 하나님께서 결혼을 명하시고 거룩하게 하셨을 뿐 아니라 결혼을 규제하신다고 분명하게 말한다. 하나님의 계명은 결혼의 핵심 부분과 관련된 다양한 상황을 다룬다.

성경은 최고의 결혼 교과서다. 성경은 결혼에 관한 하나님의 지혜와 다스림을 보여주기 때문이다. 결혼생활에서 하나님의 뜻을 진심으로 이루고 싶다면, 무엇보다도 먼저 성경이 하나님께서 부부관계에서 무엇을 요구하신다고 말하는지 바로 알아야 한다.

하나님께서는 이미 결혼했거나 결혼을 생각하는 자녀들에

게 무엇을 기대하시는가? 배우자에게 충실하고, 서로 필요를 채워주며, 그리스도를 주로 모시고 서로 존중하길 기대하신다. 부부는 서로 더 진실한 그리스도인이 되도록 도와야 한다. 그러지 못하다면 뭔가 잘못된 것이다.

독신생활이 결혼보다 절대로 덜 복되지도 않고 덜 존귀하지도 않다. 그렇더라도 우리는 아담과 하와를 모델로 삼아야 한다. 하나님께서는 이 두 사람이 연합해 온 땅을 그들의 후손으로 채우도록 계획하셨다.

기본적으로 나는 직업뿐 아니라 결혼과 관련해서도 아무에게도 이것이 그를 향한 하나님의 뜻이라고 말하지 못한다. 다만 좋은 결혼생활을 위해서는 개개인의 피땀 어린 노력과 의지가 필요하다고 말할 뿐이다.

우리 삶에서 일어나는 일은 궁극적으로 하나님의 신비로운 뜻에 속한다. 하나님의 자녀인 우리에게는 기쁘게도 하나님의 신비로운 뜻은 절대로 무서운 게 아니다. 단지 기다리는 일이고, 하나님의 원칙과 인도하심에 합당하게 행동하는 일이며, 그분이 영원히 우리와 함께하시겠다는 약속일 뿐이다.

생명의말씀사

사 | 명 | 선 | 언 | 문

> 너희가 흠이 없고 순전하여……세상에서 그들 가운데 빛들로
> 나타내며 **생명의 말씀**을 밝혀 (빌 2:15-16)

1. 생명을 담겠습니다.
만드는 책에 주님 주신 생명을 담겠습니다.
그 책으로 복음을 선포하겠습니다.

2. 말씀을 밝히겠습니다.
생명의 근본은 말씀입니다.
말씀을 밝혀 성도와 교회의 성장을 돕겠습니다.

3. 빛이 되겠습니다.
시대와 영혼의 어두움을 밝혀 주님 앞으로 이끄는
빛이 되는 책을 만들겠습니다.

4. 순전히 행하겠습니다.
책을 만들고 전하는 일과 경영하는 일에 부끄러움이 없는
정직함으로 행하겠습니다.

5. 끝까지 전파하겠습니다.
모든 사람에게, 땅 끝까지, 주님 오시는 그날까지
복음을 전하는 사명을 다하겠습니다.

생명의말씀사 서점안내

광화문점 110-061 종로구 신문로1가 58-1 구세군 회관 2층
TEL. (02) 737-2288 / FAX. (02) 737-4623

강 남 점 137-909 서초구 잠원동 75-19 반포쇼핑타운 3동 2층 전관
TEL. (02) 595-1211 / FAX. (02) 595-3549

구 로 점 152-880 구로구 구로 3동 1123-1 3층
TEL. (02) 858-8744 / FAX. (02) 838-0653

노 원 점 139-200 노원구 상계동 749-4 삼봉빌딩 지하1층
TEL. (02) 938-7979 / FAX. (02) 3391-6169

분 당 점 463-824 경기도 성남시 분당구 서현동 273-1 대현빌딩 3층
TEL. (031) 707-5566 / FAX. (031) 707-4999

신 촌 점 121-806 마포구 노고산동 107-1 동인빌딩 8층
TEL. (02) 702-1411 / FAX. (02) 702-1131

일 산 점 411-370 경기도 고양시 일산구 주엽동 83번지 레이크타운 지하 1층
TEL. (031) 916-8787 / FAX. (031) 916-8788

의정부점 484-010 경기도 의정부시 금오동 470-4 성산타워 3층
TEL. (031) 845-0600 / FAX. (031) 852-6930

인터넷서점

http://www.lifebook.co.kr